动趣童玩

以乡土游戏激发幼儿自主运动之力

沈小燕　主编

浙江工商大学出版社
ZHEJIANG GONGSHANG UNIVERSITY PRESS
·杭州·

图书在版编目(CIP)数据

动趣童玩:以乡土游戏激发幼儿自主运动之力 / 沈
小燕主编. —杭州:浙江工商大学出版社,2023.9
ISBN 978-7-5178-5628-3

Ⅰ.①动… Ⅱ.①沈… Ⅲ.①游戏课—教学研究—学
前教育 Ⅳ.①G613.7

中国国家版本馆 CIP 数据核字(2023)第147021号

动趣童玩——以乡土游戏激发幼儿自主运动之力

DONGQU TONGWAN —— YI XIANGTU YOUXI JIFA YOUER ZIZHU YUNDONG ZHI LI

沈小燕　主编

责任编辑	唐　红
责任校对	都青青
封面设计	芸之城
责任印制	包建辉
出版发行	浙江工商大学出版社
	(杭州市教工路198号　邮政编码310012)
	(E-mail:zjgsupress@163.com)
	(网址:http://www.zjgsupress.com)
	电话:0571-88904980,88831806(传真)
排　　版	杭州朝曦图文设计有限公司
印　　刷	杭州宏雅印刷有限公司
开　　本	710 mm×1000 mm　1/16
印　　张	12.25
字　　数	190千
版 印 次	2023年9月第1版　2023年9月第1次印刷
书　　号	ISBN 978-7-5178-5628-3
定　　价	58.00元

编 委 会

主　　编：沈小燕

编写人员：林　玲　　任晔旻　　吴建珍

　　　　　黎小莺　　王佩俊

序　言

"编、编、编花篮,编个花篮上南山",当你听到这首民谣时,你是不是有许多童年的回忆涌上了心头呢?"金锁、银锁、咔嚓一锁",当你念起儿歌时,你是不是也想玩一玩呢? 这些与儿歌搭配的游戏就是一直存在我们记忆中的乡土游戏。

乡土游戏浓烈的地方特色及生活气息来源于长期以来对传统文化的传承与推陈出新,因此它能够追随时代特色不断改良,并满足不同年龄、层次的幼儿的需求,能始终与幼儿经验相匹配。岁月更替,乡土游戏魅力不减,它已成为中华民族优秀传统文化的重要内容。

传承至今的乡土游戏有其特殊的魅力,能够帮助幼儿在游戏中找准自己的定位,找到自己喜欢做的事情,从而表现自己,萌生自信;在合作游戏中,幼儿互相了解,从而能更好地配合。幼儿在游戏过程中得到全方位的锻炼,包括语言交流、肢体运动等,走、跑、跳、爬、钻……幼儿在游戏中不自觉地调动身体各个器官,全身心地投入,强化身体素质。而设计、创编游戏玩法,选择合适的游戏材料并合理地使用等又能促进其智力发展。

随着时间的积累、地域的变化,乡土游戏存在着失传与流失的风险,我很庆幸能看到《动趣童玩——以乡土游戏激发幼儿自主运动之力》一书。此书从众多的乡土游戏中取其精华、去其糟粕,筛选出3—6岁幼儿会玩、能玩、爱玩的游戏。"一根绳""一个沙包""一个小竹筒"等随处可寻的低结构材料在游戏中被赋予了生命。更难能可贵的是,此书不仅仅是对游戏进行收集和整理,更是在传统乡土游戏的基础上进行了创新和改编,使得游戏更加符合当下幼儿的年龄与兴趣特点。

随着经济的发展、社会的进步,传统的乡土游戏已黯然失色,此书将乡土游戏重新带到幼儿身边,让这些游戏重新走进幼儿的生活,使幼儿接受传统游戏的熏陶,从而促进幼儿德智体美劳全面发展,让他们不仅成为现代的新生力量,也成为传承质朴传统文化的接班人。

总之,乡土游戏不但是幼儿进行体能锻炼的良好载体,而且能让幼儿真实、具体地感受如何合作、如何玩得更尽兴。在乡土游戏中,幼儿会获得童年最美好的回忆和最快乐的体验。希望他们长大后,也会像我们一样去回味这些乡土游戏,并让这些游戏一代代地传承下去。让我们一起期待吧!

张 莹

(浙江师范大学儿童发展与教育学院副教授,

浙江省学前教育研究会学前儿童健康教育专业委员会主任)

2023年4月

前　言

　　游戏是幼儿学习的基本方式,乡土游戏是其中最具本土化特色的游戏类型。它是在民间广泛流传的具有鲜明的风俗特征和地方特色的传统运动形式,是中华民族优秀传统文化的重要组成部分,对幼儿的健康成长具有独特的教育作用,是值得幼儿园挖掘的宝藏资源。2014年,三门县中心幼儿园开启了园本课程建设的探索之路,积极收集乡土游戏并通过实践进行研究,对其进行开发、筛选、创新、运用等,使其以崭新的面貌走进幼儿的生活,形成了适合幼儿学习的特色"乡土动力"课程。

　　"乡土动力"课程以本乡本土的幼儿游戏和运动为载体,围绕"爱家乡,有传承;爱合作,有规矩;爱运动,有健康"这三个核心目标,尊重幼儿的游戏权利,尊重幼儿的个性差异,创设宽松、自主、开放的运动氛围,通过"晨间体锻A+B""乡土游园大串烧""乡土动力擂台赛""乡土动力节"和"专用乡土动力区"五大途径来实施,以培养"知情意、善交往、乐运动"的健康幼儿。

　　本书遵循《3—6岁儿童学习与发展指南》精神,根据3—6岁幼儿的运动发展目标,对乡土游戏内容进行细化和安排。活动方案的设计既考虑了年轻教师对乡土游戏方案的需求,也给教师和幼儿留出了发挥的余地,起到抛砖引玉的作用。

　　课程建设永远在路上,让我们和孩子一起投入游戏,在游戏中探寻合作,在游戏中了解规则,在游戏中发现运动的奥妙,在游戏中爱上家乡……

目 录

第一章

课程背景

近年来,国家积极倡导文化振兴,弘扬中华民族优秀的传统文化,重视"非物质文化遗产"的传承。《幼儿园教育指导纲要(试行)》也明确指出,要"充分利用社会资源,引导幼儿实际感受祖国文化的丰富与优秀,感受家乡的变化和发展,激发幼儿爱家乡、爱祖国的情感"。游戏是幼儿学习的基本方式,作为教育者要珍视游戏的独特价值。民间体育游戏是游戏中极好的一种类型,是中华民族传统文化的重要组成部分,对幼儿的健康成长具有独特的价值。

一、基于本土传统文化教育

三门县地处浙东黄金海岸,面山靠海,又处于城乡接合区域,有着丰富的物产资源和丰厚的人文底蕴,古有始于南宋建炎年间的"花桥龙灯"和始于明朝的"杨家板龙""亭旁祭冬"等,其中"亭旁祭冬"已被列入国家非物质文化遗产名录,而长达450米的"杨家板龙",还被上海大世界基尼斯总部授予"大世界基尼斯之最"。每逢冬至、元宵等节庆日子,城乡民众敲锣打鼓,踩高跷、划旱船、舞龙、舞狮、抬台角等,好不热闹。今有"浙江红旗第一飘"亭旁起义、"中国小海鲜之乡"等诸多美誉,闻名遐迩。这些得天独厚的本土人文积淀,是中华优秀传统文化的组成部分,很有必要让幼儿知晓并加以传承与弘扬。基于此,三门县中心幼儿园有针对性地对三门本土文化及相关材料进行深度挖掘和整理,将传统游戏融入幼儿生活中,形成适合幼儿学习与发展的"乡土动力"特色课程。

二、基于幼儿身心健康要求

促进幼儿身心发展,是幼儿教育永恒的出发点和落脚点。游戏是幼儿学习的基本方式,乡土游戏本身蕴含着对幼儿多种能力的激发。开展乡土游戏吻合《3—6岁儿童学习与发展指南》和《幼儿园教育指导纲要(试行)》之精神。

(一)促进幼儿体能发展

乡土游戏形式多样,对幼儿运动能力的提升具有显著的促进作用。富有情趣的乡土游戏,具有一定的情节性,吸引着幼儿更积极地投入,让幼儿变得更加阳光、健康、快乐、自信。如摸盲、斗鸡、站如松等游戏,可以提高幼儿身体控制能力和平衡能力;揪尾巴、两人三足等游戏,可以锻炼幼儿身体移动能力;滚铁环、拉海龟等游戏,可以增强幼儿操控器械、器具的能力;挑小棒、翻花绳等游戏,可以均衡幼儿的小肌肉发展。

(二)促进幼儿心理健康

乡土游戏氛围轻松、自由、温馨,时常配有朗朗上口、通俗易懂的童谣、儿歌,而这些童谣、儿歌本身就包含着社会、自然、历史、数学、科学等各方面的知识,不仅有助于幼儿练习普通话,还能使他们通过理解本土童谣、儿歌的内容,丰富想象,增长见识。同时,乡土游戏本身有较强的竞争性,讲究规则和合作,可促进幼儿在游戏中与同伴交流、表达自己的想法,有助于培养幼儿的积极情感,形成社会适应性、合作性等良好品质。

三、基于本园课程开发需求

课程改革是幼儿园教育之关键所在,重视园本课程开发更是幼儿园教育改革发展的必然趋势。三门县中心幼儿园人员密集度高,场地分布零散,缺少大面积的户外活动场地,而乡土游戏对场地、器材的要求不高,游戏的自主性、趣味性较强。所以,早在2004年,三门县中心幼儿园就有教师开始对乡土游戏做初步探究;2014年,幼儿园教师对其进行了阶段性收集、筛选后汇编成册;之后几年,幼儿园又不断尝试、调整、完善、创新这些乡土游戏,并将其融入幼儿的一日生活中。

基于以上的综合考量和分析,三门县中心幼儿园于2016年开始进行更为全面深入的"乡土动力"课程研究,并取得了一定的成绩。

第二章

课程理念

一、概念界定

乡土：指流传于我们出生地、久居地的一些民俗风情、民间艺术、民间游戏、语言文化以及物产资源等。

动力：指学习动机，包括主动、积极、好奇、勇敢等良好的学习品质。

"乡土动力"课程：指依托本土资源，以幼儿主动学习与发展为核心，通过传承、创新传统游戏开发编制的特色主题活动，以激发幼儿潜能。

二、理论基础

（一）文化历史发展理论

维果茨基是苏联心理学家、社会文化历史学派创始人，也是"维列鲁学派"中的重要人物。维果斯基从种系和个体发展的角度分析了心理发展实质，提出了文化历史发展理论，说明了人的高级心理机能的社会历史发生问题。他认为只有在幼儿所经历的历史和文化背景下来理解幼儿的发展才有意义。他的"最近发展区"理论为游戏动作难易程度设置提供依据。他认为幼儿发展有两种水平，第一种水平是现有发展水平，第二种是在有指导的情况下借别人的帮助达到解决问题的水平。根据以上思想，我们在尊重幼儿个体发育的现实水平的基础上，设置游戏的难易程度。这不仅适合幼儿现有的身体机能和运动水平，也能在运动游戏之后达到他们自己的最近发展区。

在乡土动力课程中，我们十分关注文化对幼儿发展的影响，挖掘本土的文化资源，生成主题活动，传承本土文化。

（二）运动和心理的发展论

意大利幼儿教育专家蒙台梭利在《有吸引力的心灵》中讲道："运动是精密组织工作的最终外在表现。实际上，人只有通过肢体运动才能表达自己的意愿。心理和精神的发展都离不开运动，幼儿是通过运动来发展大脑的。"我们的"乡土动力"课程不光关注幼儿的身体健康,更关注幼儿的心理健康。

　　夸美纽斯认为,"运动是幼儿的天性"。他强调运动是幼儿的天性,主张开展游戏、跑跳及球类活动。他提出要为幼儿选择安全的运动性游戏,认为游戏可以促进幼儿的身心健康与发育。

(三)规则游戏论

　　瑞士心理学家皮亚杰认为,有规则的游戏要求参加游戏的幼儿具有相应的智力水平。重要的是,在有规则的游戏中体现出来的社会性行为的规范性,反映了幼儿参与有规则的或由规则支配的社会关系的能力,也为幼儿积极地交往提供了良好的基础。所以规则游戏对幼儿社会性的发展有着极为重要的意义。

　　乡土游戏基本以规则性游戏为主,通过这些可以锻炼幼儿的社会交往能力、同伴合作能力,培养幼儿的良好品质。

三、课程理念

　　三门县中心幼儿园以乡土游戏为切入点,在活动中促进幼儿运动能力的发展、人格的形成,同时让幼儿感受到本土文化氛围,从而形成幼儿园的特色课程。

(一)传承

　　乡土游戏间接反映当地人们对生活及社会的认识,承载着本民族的历史与文化。在乡土游戏玩耍过程中,幼儿不仅获得了身体体验,还接受了本地文化熏染,在潜移默化中让传统文化浸润心灵。通过游戏,幼儿亲近生活、了解生活,感受当地民俗氛围,促进知、情、意、行等教育元素的形成与发展,成为传统文化的"小小传承者"。

（二）融合

1. 生活的融合

"一日生活皆课程"。乡土动力课程渗透于幼儿的日常生活,幼儿园采用"自主"模式,提供多样资源,由幼儿自由选择,他们既可单独游戏,也可结伴游戏。这种轻松自由的氛围,可以满足幼儿自主游戏的愿望,幼儿可以避免等待,在游戏过程中保持情绪稳定和心情愉悦。利用集体活动,向幼儿系统地传授乡土游戏的名称、玩法等,介绍游戏基本规则,带领幼儿体验集体游戏的乐趣,方便又高效。乡土游戏还可以与其他领域结合互动,增添其趣味性。

2. 幼儿身心构建的融合

乡土游戏以规则性游戏为主。皮亚杰指出,有规则的游戏体现出来的社会性行为规范,反映了幼儿参与有规则或由规则支配的社会关系的能力,同时也为幼儿积极地交往提供了良好的基础。所以,规则性游戏对幼儿的社会性发展有着极为重要的意义,有助于幼儿形成与同伴之间的合作、竞争、谦让等良好品质。

3. 传统与现代的融合

乡土游戏作为传统文化的一个组成部分,经过一代又一代人的传承,很多游戏折射出当年的时代特征和环境条件,在一定程度上表现出时代和地域的局限性。就其内容而言,也是精华与糟粕并存。为此,我们从思想性、教育性、时代性出发,取其精华去其糟粕,力求课程与当今社会主流价值取向相融合。

（三）互动

维果茨基指出,教师与幼儿之间的行为往来,在幼儿成长过程中具有十分重要的意义。师幼互动作为幼儿园教育的基本表现形式,存在于幼儿园一日活动的各个区域,存在于教育内容的各个方面,对幼儿发展有非常大的影响。因此,我们的活动实施核心是围绕互动原则,即关注幼幼互动,跟进师幼互动,引导家幼互动,促进家园互动,倡导家家互动。

第三章

课程框架

　　根据乡土动力课程编制原则和方法,结合游戏活动方案设置,我们重点在建构目标体系、挖掘和编制乡土游戏内容、拓展课程实施途径、完善评价策略等方面进行深入研究,搭建乡土动力课程基本框架。

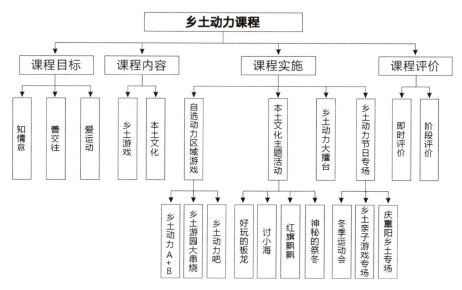

图3-1　乡土动力课程框架

课程目标

一、总目标

乡土动力课程以《幼儿园教育指导纲要（试行）》《3—6岁幼儿学习与发展指南》为指导，以幼儿主动学习与发展为核心，将乡土游戏和本土文化有机融合，从"运动、传承、品质"这三个维度出发，培养"知情意、善交往、爱运动"的健康幼儿。

二、乡土动力课程具体发展目标

表 4-1　乡土动力课程具体发展目标

核心目标	一级目标	二级目标	
知情意	1. 知道自己家乡的本土特色游戏，能说出游戏名称、玩法 2. 乐于传承家乡的风俗文化，且让其产生家乡自豪感，成为热爱家乡、有情怀的人	小班	1. 知道自己的家乡是三门县，喜欢自己的家乡 2. 初步了解自己家乡的乡土游戏，能说出游戏的名称 3. 尝试参与乡土游戏，喜欢玩乡土游戏，乐于参与其中 4. 愿意向他人展示乡土游戏的玩法
		中班	1. 了解三门县的特色，萌发对家乡的热爱之情，初步建立归属感 2. 能说出家乡乡土游戏的名字和游戏规则 3. 积极参与乡土游戏，喜欢玩游戏，乐于参与其中 4. 愿意和同伴及他人交流乡土游戏的规则
		大班	1. 知道家乡的名字及由来，了解家乡的风俗习惯及乡土游戏，热爱自己的家乡 2. 能说出并清楚地知道每个游戏的名字和游戏规则，并改编、创新游戏规则 3. 主动参与乡土游戏，喜欢玩游戏，乐于参与其中 4. 愿意分享已经知道的乡土游戏的玩法和经验

续表

核心目标	一级目标	二级目标	
善交往	1. 能遵守游戏规则，会自由结伴、自主学习 2. 勇于挑战、大胆、自信，富有挑战精神、竞争意识、团队合作等能力	小班	1. 有初步的合作意识，愿意和同伴一起玩。不争抢、不独霸器械，与同伴发生冲突时，能听从劝解 2. 初步了解游戏规则，感受规则的意义并遵守游戏规则 3. 及时避开危险物，在成人的提示下及时调整不安全的运动方式
		中班	1. 会运用介绍自己、交换玩具等简单技巧加入同伴游戏，体验合作的乐趣。与同伴发生冲突时，能在他人帮助下和平解决 2. 理解规则的意义，在游戏中能够自觉遵守游戏规则 3. 愿意接受挑战，对自己的运动能力充满信心
		大班	1. 能主动和同伴一起合作玩游戏，游戏时愿意接受同伴的意见和建议。和他人发生冲突时，能够自己协商解决问题 2. 理解规则的意义，在原有游戏规则的基础上，能和同伴协商制定游戏的规则 3. 具有坚韧性，能自我排遣挫折和失败 4. 具有基本的评价能力，对自己或同伴的行为做出合理判断和评价
爱运动	1. 对运动产生强烈的兴趣 2. 具有一定的平衡能力，动作灵敏、和谐 3. 手部动作灵活、协调	小班	1. 愿意参加多项乡土游戏，情绪稳定、快乐 2. 能自然地走、跑、跳、爬、投掷 3. 学习听口令和信号做出相应动作
		中班	1. 乐意参加各项乡土游戏，态度积极 2. 能听信号按节奏协调地走和跑 3. 能按要求跳、投掷、抛接，能左右手拍球 4. 能随音乐节奏做徒手操和轻器械操
		大班	1. 喜欢锻炼身体并对乡土游戏产生强烈的兴趣 2. 能轻松自如地走、跑、跳、攀爬、翻滚 3. 会肩上挥臂投掷并对准目标，能抛接高球 4. 能熟练地听各种口令和信号并做出相应的动作 5. 能随音乐节奏精神饱满地做徒手操和轻器械操，动作有力、到位

第五章

课程内容

挖掘和利用乡土游戏资源,是乡土动力课程实施的基础。遵循乡土游戏思想性、教育性、趣味性等因素要求,充分考虑幼儿需求,收集、整理、筛选、汇编适合幼儿身心特点的乡土游戏,构建课程内容。

第一节　乡土游戏

教师将收集到的资料通过现场教研、玩耍体验的方式有针对性地进行调整,确定游戏规则、玩法,再投放到活动中。教师通过观察、思考、调整,从中筛选出幼儿最喜欢的游戏,再根据年龄、材料、玩法、规则、注意事项等几个方面整编成册。

表5-1　乡土动力游戏内容集锦

年龄段	训练部位	具体游戏内容
小班	小肌肉	贴鼻子、拍手歌、东南西北、金锁银锁、撕面条
	大肌肉	捉小鱼、切西瓜、吹泡泡、老狼老狼几点钟、骑竹马、警察捉小偷、摸摸、跑回来、捉小马、小老鼠上灯台、袋鼠跳跳、跳格子、鸡蛋壳鸭蛋壳、城门城门几丈高、小火车钻山洞、芝麻开门、赶小猪、爱的抱抱、拉大锯、渔夫捕鱼、红灯停绿灯行、过小桥……
中班	小肌肉	弹弹珠、竹蜻蜓、拍手背、挑棍儿、夹珠子、吹羽毛
	大肌肉	造房子、击鼓传花、脚尖脚跟跳、孵小鸡、丢沙包、地雷爆炸、炒黄豆、踩影子、我是萝卜、推小车、撒网捕鱼、老鹰捉小鸡、揪尾巴、丢手绢、抢凳子、贴膏药、贴烧饼、猫捉老鼠、快乐的斗鸡、老鼠笼、打地鼠、木头人、踩高跷、萝卜蹲、打雪仗、母鸡下蛋、熊和石头人、摸盲、卷白菜心
大班	小肌肉	翻花绳、拾石子、挑棍儿、红豆角绿豆角
	大肌肉	拔河、掰手腕、编花篮、舞狮、舞龙、投壶、跳山羊、跳皮筋、跳大绳、踢毽子、套圈、快乐的斗鸡、打水漂、抽陀螺、蹴鞠、抬花轿、骑马打仗、挤山堆、接龙珠、呼啦呼啦、滚铁环、贴膏药、扎手绢、抢柱子、人枪虎、老鹰抓小鸡、击鼓传花、拍纸包、抢绣球、猜拳跨步、赛龙舟、闪光跳、瘸猫捉老鼠、两人三足

小班乡土游戏

游戏名称：贴鼻子

活动目标：

1. 体验贴鼻子游戏的快乐。

2. 在蒙眼的状态下，根据同伴的指示贴鼻子。

3. 发展幼儿的手眼协调能力。

游戏准备：

表示动物或者人脸的底板、眼罩、可粘贴的鼻子。

游戏场地：

室外室内均可，地面平坦。

游戏玩法：

游戏者蒙上眼睛原地转三圈，然后根据旁边指引者的语言贴鼻子，贴得最接近鼻子者为胜利者，在贴的过程中如偷看则被取消资格。

游戏名称：拉大锯

活动目标：

1. 体验合作游戏的快乐。

2. 锻炼幼儿的手臂肌肉力量。

3. 培养幼儿合作能力。

游戏玩法：

幼儿两人一组盘腿对坐，相互拉着对方的手，边念儿歌边随着儿歌的节奏做拉锯的动作（身体随儿歌节奏前俯后仰）。游戏时，两名幼儿要双手紧握，不能随便松开，以免身体后仰发生意外。

《拉大锯》

拉大锯，扯大锯。

姥姥家，唱大戏。

接姑娘，请女婿。

就是不让冬冬去。

不让去，也得去。

骑着小车赶上去。

图5-1　小班游戏"拉大锯"

游戏名称：拍手歌

活动目标：

1. 愿意参加乡土游戏，体验合作游戏的快乐。

2. 尝试有节奏地边做动作边念儿歌。

游戏玩法：

两名幼儿边拍手边轮流念唱儿歌，根据儿歌歌词做相应的动作。若一方不能较快地接上儿歌，由对方轻轻地刮一下他的鼻子，重新开始游戏。

《拍手歌》

你拍一，我拍一，

我们一起做游戏；

你拍二，我拍二，

你是我的好伙伴；

你拍三，我拍三，

我们一起去爬山。

图5-2　小班游戏"拍手歌"

游戏名称：东南西北

活动目标：

1. 感受东南西北游戏的快乐，情绪愉快。

2. 初步了解游戏规则，能与同伴合作完成游戏。

游戏准备：

"东南西北"若干个（取一张正方形纸，四个角向中心点折，翻个面，再将四个角向中心点折，对折成长方形，左右手的大拇指和食指插入四个角即可开始玩）。

游戏玩法：

一方操作"东南西北"折纸，另一方说出方向及开合的次数，如"东边开五下"，操作者根据指令做相应的动作。

图5-3　小班游戏"东南西北"

游戏名称：金锁银锁

活动目标：

1. 遵守游戏规则，愉快地进行游戏。
2. 提高幼儿手部反应的敏捷性。

游戏玩法：

一名幼儿蒙眼后一只手张开，手心向下，其余幼儿食指触在蒙眼人手掌中。游戏开始，大家一起念儿歌"小猫、小狗，快快进来，金锁、银锁，咔嚓一锁"。当念到最后一字时，蒙眼人立即合上手掌，其余幼儿则同时将手指抽出，谁的手指被捏住，就让蒙眼人猜猜他是谁，如三次猜不出，蒙眼人就向大家行礼或者表演节目。交换角色，游戏继续进行。

图 5-4　小班游戏"金锁银锁"

游戏名称：红豆角绿豆角

活动目标：

1. 发展幼儿的快速反应能力，体验游戏的乐趣。
2. 发展幼儿的小肌肉力量，练习抓、缩等基本动作。

游戏玩法：

右手食指点在左手手心，口中念童谣："红豆角绿豆角，吹三口跑不了。噗，吹一口，噗，吹两口，噗，吹三口。"左手快速抓，右手食指快速躲。什么时候抓和躲——听到"吹三口"时再抓躲。

《红豆角绿豆角》
一根手指点点，
两根手指剪剪，
三根手指弯弯，
四根手指叉叉，
五根手指开花。

游戏名称：切西瓜

活动目标：

1. 愿意参与体育游戏，体验游戏的乐趣。

2. 能根据指令做相应的动作。

游戏玩法：

幼儿手拉手围成一个大圆圈（圆圈即为大西瓜）。一名幼儿做"切瓜人"，边念儿歌"切切切西瓜，西瓜哪里来，农民伯伯种出来，想吃西瓜，切开来"，边绕着圆圈走，边做"切西瓜"的动作，念到最后一个字时西瓜被切开（即在两个幼儿间做切开的动作），然后站在被切开的位置。这个位置的两名幼儿必须立即朝不同方向跑一圈，再回到原位，先到达原位者即为下一轮游戏的"切瓜人"。

《切西瓜》

切切切西瓜，

西瓜哪里来，

农民伯伯种出来，

想吃西瓜，

切开来。

图5-5 小班游戏"切西瓜"

游戏名称：老狼老狼几点钟

活动目标：

1. 能灵活地躲闪同伴的追逐。

2. 练习听信号躲、闪、跑。

游戏准备：

老狼头饰。

游戏玩法：

参加者选一人当老狼，其余人跟在老狼身后扮演各种小动物。游戏开始，众人边问"老狼，老狼，几点钟"边向前走，老狼转身向大家答话，老狼答话时，众人停下不动。老狼回答"天黑了"，转身追逐，众人跑回教室，注意灵活躲避，跑回者算胜利，被捉住者下一轮做老狼。

图5-6　小班游戏"老狼老狼几点钟"

游戏名称：渔夫捕鱼

活动目标：

练习在一定范围内四散躲、闪、跑的能力，提高动作的协调性。

游戏准备：

渔网一张；在场地上画一个能容纳全体幼儿的大圆圈当池塘；画一个小圆圈当鱼篓。

游戏玩法：

教师扮演渔夫，手持渔网站在池塘边，幼儿扮演小鱼四散站在池塘里。游戏开始，幼儿边模仿小鱼游边念儿歌"小鱼、小鱼，游游游，摇摇尾巴点点头，向上游，向下游，游来游去乐悠悠"。念完后，教师说"捕鱼了"，开始在池塘边来回跑动，用渔网捕鱼。"小鱼"在池塘里四散跑着躲闪，被捕到或跑出池塘的"小鱼"离

图5-7　小班游戏"渔夫捕鱼"

开池塘站到鱼篓里。等捕到三四条"小鱼"后，游戏暂停，大家一起数数捕到几条"小鱼"，游戏重新开始。

游戏名称：捉小马

活动目标：

1. 发展幼儿动作敏捷性。

2. 提高幼儿快速跑的能力，激发幼儿参与集体游戏的兴趣。

游戏准备：

小马头饰人手一个，老虎头饰每人一个。

游戏玩法：

游戏开始前，大家先选一人当"老虎"，由"老虎"在场地上画一个大圆圈做房子，其余的人当"小马"站在圆圈里面。游戏开始，"老虎"念儿歌"小马小马快快跑，摸摸××就回槽"，"××"是指某某物体，由"老虎"指定，所指定的物体必须在附近50米之内。儿歌念完后，"小马"们应快速向指定地点跑去并触摸所指定的物体，触摸后要立即往回跑。当"小马"们全部触摸过所指定的物体往回跑时，"老虎"便开始追捉"小马"，跑回圆圈里面的"小马"就算安全回到了家，"老虎"不能再捉。如果有"小马"被捉住，此轮游戏结束，由被捉住的"小马"当下一轮游戏的"老虎"；如果"小马"们全部逃回圆圈，则还由原来的人发令和当"老虎"，游戏继续进行。

游戏名称：吹泡泡

活动目标：

1. 学习前跳、后跳和向上跳。

2. 培养幼儿与同伴团结合作的能力。

游戏玩法：

幼儿边念儿歌边游戏，当儿歌念到"吹个大泡泡"时，幼儿拉成一个大圆圈；念到"吹个小泡泡"时，幼儿向中间靠拢；念到"泡泡飞高了"时，幼儿踮脚；念到"泡泡飞低了"时，幼儿蹲下；念到"泡泡破了"时，幼儿向后跳。

《吹泡泡》

吹吹吹个大泡泡，

吹吹吹个小泡泡，

泡泡飞高了，

泡泡飞低了，

泡泡破了，

五颜六色真漂亮。

图5-8　小班游戏"吹泡泡"

游戏名称：骑竹马

活动目标：

1. 体验奔跑游戏的快乐。

2. 能胯下夹杆向前蹦。

3. 练习跑马步的动作。

游戏准备：

"竹马"人手一份，宽阔无障碍的场地。

游戏玩法：

幼儿双手握棒置于胯下。游戏开始，幼儿骑杆，双手紧握"竹马"蹦到指定位置，看谁蹦得快。游戏可根据幼儿的兴趣反复进行几次。

《骑竹马》

天光光，草青青，

秀才郎，骑竹马，过南塘，看娇娘。

翩翩小儿郎，骑马上学堂，先生嫌我小，出口有文章。

图5-9　小班游戏"骑竹马"

游戏名称:小老鼠上灯台

活动目标:

1. 喜欢玩乡土游戏。

2. 能从一定高度往下跳。

3. 练习跳的动作。

游戏准备:

1. 老鼠、猫头饰各一个。

2. 将椅子拼成独木桥状。

游戏玩法:

教师扮成大花猫,全体幼儿扮成小老鼠。游戏开始后,幼儿站在椅子上说儿歌:"小老鼠上灯台,偷油吃下不来。喵喵喵,猫来了,叽里咕噜滚下来。"当说到最后一句歌词时,幼儿从椅子上跳下并蹲好,否则就会被"大花猫"捉走。

待"大花猫"走后,重新开始游戏。

《小老鼠上灯台》
小老鼠上灯台,
偷油吃下不来。
喵喵喵,猫来了,
叽里咕噜滚下来。

图5-10　小班游戏"小老鼠上灯台"

游戏名称：袋鼠跳跳

活动目标：

1. 尝试双脚并拢连续跳。

2. 体验游戏的快乐。

游戏准备：

轻快的音乐、布袋、纸球。

游戏玩法：

幼儿双脚放进布袋，双手抓住布袋的两侧，双脚并拢连续往前跳，一直跳到终点。（根据幼儿兴趣可设置不同的情景）

图5-11　小班游戏"袋鼠跳跳"

游戏名称：跳格子

活动目标：

1. 体验民间游戏的乐趣。

2. 提高幼儿动作协调能力，保持身体平衡。

3. 帮助幼儿练习双脚跳和单脚跳。

游戏准备：

泡沫格子。

游戏玩法：

按照数字从1—8依次跳格子，一个格子双脚或单脚跳，两个并列的格子双脚分别跳入两个格子中。幼儿也可以自主进行单双脚跳。

图5-12　小班游戏
"跳格子"

游戏名称：鸡蛋壳鸭蛋壳

活动目标：

1. 愿意参加民间体育游戏，体验游戏的快乐。

2. 能单脚连续跳，并保持身体平衡。

游戏准备：

1. 宽敞无障碍的场地。

2. 幼儿熟悉儿歌内容。

游戏玩法：

幼儿四散在老师周围站好，说儿歌："鸡蛋壳，鸭蛋壳，谁先落地弹脑壳。"边说儿歌边有节奏地双脚脚跟交替点地，说完儿歌，单脚连续跳。老师轻弹双脚同时先落地者的脑壳，并暂停其游戏一次，其他幼儿继续游戏。

《鸡蛋壳鸭蛋壳》

鸡蛋壳，鸭蛋壳，

大白鸡，下白蛋，

没有鸡窝怎么办？

跟狗走，狗咬我，

跟驴走，驴踢我。

鸡蛋壳，鸭蛋壳，

谁先落地弹脑壳。

图 5-13　小班游戏"鸡蛋壳鸭蛋壳"

游戏名称：城门城门几丈高

活动目标：

1. 体验民间游戏的乐趣。

2. 练习钻的动作，发展动作的灵敏性与力量。

游戏玩法：

请两名幼儿用手搭城门，其余幼儿骑"大马"念民谣，一个个从"城门"钻过到城里去玩。当城门的幼儿念童谣，念到最后一字时向被抓到的人提问：吃橘子？吃香蕉？然后吃香蕉的站一起，吃橘子的站一起。最后哪边人少哪边的人就要划拳出来2个当城门，之后继续游戏。

《城门城门几丈高》
城门城门几丈高，
三十六丈高，
骑白马，挎大刀，
走进城门摔一跤。

图5-14　小班游戏"城门城门几丈高"

游戏名称：网小鱼

活动目标：

1. 体验合作游戏的快乐。

2. 能听从指令快速反应，动作敏捷。

3. 练习钻及躲闪的动作。

游戏玩法：

请两名幼儿当渔网，手拉手举过头顶，其他幼儿扮成小鱼，围成圆圈分别从"渔网"下钻过，幼儿边钻边说："许多小鱼游来了，游来了；许多小鱼游来了，游来了。快快捉住！"说到"捉住"时，搭"渔网"的幼儿迅速将手放下网住"小鱼"。然后被网住的"小鱼"来做"渔网"，游戏反复进行。

《网小鱼》

一网不捞鱼，

二网不捞鱼，

三网捞个小·尾巴鱼。

图5-15小班游戏"网小鱼"

游戏名称：火车钻山洞

活动目标：

1. 体验合作游戏的快乐。

2. 练习动作协调、灵活地钻山洞。

3. 能遵守游戏规则，敏捷躲避"山洞"。

游戏玩法：

幼儿排成一列纵队站好，请两名幼儿站在前面，双手举起，搭成"山洞"。游戏开始，幼儿一边唱儿歌《火车钻山洞》，一边一个接一个地从山洞下钻过，当说到最后一句"忙又忙"时，"山洞"落下，被捉到的幼儿和"山洞"互换角色。游戏重新开始。

《火车钻山洞》

火车火车呜呜响，

轰隆轰隆上山岗。

钻山洞，过大桥，

运输粮食忙又忙。

游戏名称:芝麻开门

活动目标:

1. 敢于大胆参与游戏。

2. 练习钻、跑的动作,提高身体灵敏性、协调性。

游戏玩法:

幼儿手拉手成一个大圆圈呈山洞状,另有几名幼儿在洞里钻来钻去。围圆圈的幼儿念儿歌:"芝麻开门,芝麻开门,嘭嘭嘭。"反复三遍以后,全体幼儿蹲下,被关在圈外面的幼儿与围圈的幼儿互换。

游戏名称:赶小猪

活动目标:

1. 体验赶球游戏的快乐。

2. 能手眼协调地进行赶球游戏。

3. 尝试运用纸棒连续向前赶球。

游戏准备:

1. 纸球、纸棒若干(数量与幼儿人数相同),纸箱5个。

2. 场地布置如右图所示。

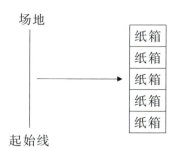

游戏玩法:

幼儿做赶猪人,人手一根纸棒和一只"小猪"(即纸球),分散练习探索"赶小猪"的方法,教师巡回指导。动作熟练后,教师说:"小猪要回家了!"幼儿开始用纸棒把"小猪"赶进"猪圈"。赶到圈外的"小猪"要重新赶回来才能继续游戏。

图5-16　小班游戏"赶小猪"

游戏名称：爱的抱抱

活动目标：

1. 愿意和同伴合作游戏，感受游戏的乐趣。

2. 学习听口令，根据口令和信号做出相应的动作。

3. 感受规则的意义并遵守游戏规则。

游戏玩法：

选一名幼儿当指挥员，其他幼儿围成一个圆圈跑，指挥员喊"爱的抱抱，爱的抱抱，爱的抱抱"，一直喊，当最后说到一个数字，如"3"时，就3个人抱在一起。每轮没有和其他小朋友组成抱团的，就要被淘汰，当游戏最后剩余两人时，那队人员就全部被淘汰，且接受惩罚（判断某人是否与他人抱团，必须看是否有其他人抱住了他，不能只是他一个人抱住了其他人，这样硬贴上去的人也要被淘汰）。

图5-17　小班游戏"爱的抱抱"

游戏名称：红灯停绿灯行

活动目标：

1. 体验追逐跑游戏的乐趣。

2. 听到信号后能迅速做出反应。

游戏玩法：

请一名幼儿站在场地一端做开灯者，相距其余幼儿20米左右，背朝大家说"红灯绿灯"。被开灯者听到口令后可以随意向前走或做各种姿势。当开灯者大声说"红灯绿灯"并向后转头时，被开灯者控制身体原地不动，依此玩法继续进行游戏。当有被开灯者到达开灯者身后，并拍开灯者后背一下，其余被开灯者迅速向后跑，开灯者迅速去追被开灯者，被追到的幼儿做新的开灯者，游戏重新开始。

游戏名称:过小桥

活动目标:

1. 愿意参加乡土游戏,体验乡土游戏的快乐。

2. 发展幼儿的平衡能力及动作的协调性。

3. 幼儿学习头顶沙袋走各种类型的桥。

游戏准备:

小桥、沙包。

游戏玩法:

幼儿依次走过小桥,一次拿一种水果(沙包),将沙包放在头顶并将沙包运过桥。如果中途沙包掉落必须重新开始,然后放在对面的篮子里,迅速跑回。游戏过

图5-18 小班游戏"过小桥"

程中头部需要保持平衡,身体不要晃动,两臂平举,眼睛平视前方,脚走直线。

游戏名称:拉小车

活动目标:

1. 感受拉小车游戏的乐趣。

2. 能动作协调地拉小车。

3. 尝试用多种方法拉小车。

游戏准备:

各种材料制作成的小车,数量与幼儿人数相同。

游戏玩法:

教师说:"小朋友们,今天老师给你们带来了很多不同的小车,看一看,你的

图5-19 小班游戏"拉小车"

小车是用什么做的？让我们一起带着小车去旅行吧！"幼儿自由探索小车的玩法,可以拉着小车到幼儿园的各个角落转一转。

游戏名称:打"怪兽"

活动目标:

1. 乐于参与游戏,能勇敢、大胆地打"怪兽"。

2. 能挥动手臂从肩上投掷。

3. 练习单手向前投掷的动作。

游戏准备:

1. 沙包若干、两个"怪兽"。

2. 场地布置如下所示。

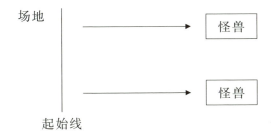

游戏玩法:

教师将"怪兽"放在距起始线两米处。幼儿分成两队,分别站在起始线上,每人一个沙包,轮流向"怪兽"投掷,看谁能打到"怪兽"。

图5-20　小班游戏"打'怪兽'"

中班乡土游戏

游戏名称：炒黄豆

活动目标：

1. 愿意和同伴合作游戏，感受游戏的乐趣。

2. 能动作灵活、协调地翻转身体。

3. 练习侧身翻的方法。

游戏玩法：

幼儿两人一组，手拉手、面对面站好，边说儿歌"炒炒炒，炒黄豆，炒好黄豆，翻跟斗"，边左右晃动手臂做炒黄豆的动作。儿歌结束时，两人向同一侧翻转身体成背对背姿势，游戏继续进行。依此玩法，再从背对背姿势翻转成面对面姿势。

图5-21 中班游戏"炒黄豆"

《炒黄豆》
炒炒炒，炒黄豆，
炒好黄豆，翻跟斗。

游戏名称：挑小棒

活动目标：

1. 锻炼手部的小肌肉。

2. 愿意与同伴交流习得的游戏规则，感受分享的快乐。

游戏玩法：

玩法1：玩家手持所有小棒，使劲往桌面上一扔，再拿起另外一根小棒，从桌上那一堆纠缠在一起的小棒中，挑起一根，既要保证它脱离那一堆小棒，又不能触动其他小棒，才算成功挑起一根小棒，直到小棒被全部挑完，游戏结束。

玩法2：一共有31根不同花式的小棒，每支可表示不同的分值，其中带螺旋的游戏棒每支20分；中间红两头蓝的游戏棒，每支10分；三节红两节蓝的游戏棒，每支5分；有红黄蓝三色的游戏棒，每支3分；红蓝两色的游戏棒，每支2分。双方轮流挑小棒，直到31根小棒全部挑完。把所有游戏棒的分数加起来，分数高者为胜。

图5-22　中班游戏"挑小棒"

游戏名称：夹珠子

活动目标：

1. 锻炼手部的肌肉力量。

2. 在游戏中感受坚持的意义。

游戏玩法：

在装着水的盘子里盛一些弹珠，参赛者需用筷子把弹珠夹住，从一个盘子里经过障碍到达另一个空盘子，两个盘子间距为30厘米，游戏过程中只能是筷子接触弹珠，其余物品或幼儿身体不能接触到弹珠。

图5-23　中班游戏"夹珠子"

游戏名称：夹粽子

活动目标：

1. 体验乡土游戏的乐趣。

2. 能合作进行游戏。

3. 练习手指力量及灵活性。

游戏玩法：

游戏开始，每组的第一位幼儿用筷子夹"粽子"（沙包），夹住"粽子"后，走过小桥，将"粽子"送到"锅"（筐）里，并站到筐后面等待，直到所有幼儿都送完，看看哪组最快。

游戏名称：吹羽毛

活动目标：

1. 提高身体的控制能力。

2. 喜欢吹羽毛游戏。

游戏玩法：

双方各派出相等的人数进行比赛；将羽毛放在比赛场地的中线上，以保证公平；双方只许用嘴吹，将羽毛吹到对手一侧为胜利方。

图5-24　中班游戏"吹羽毛"

游戏名称：萝卜蹲

活动目标：

1. 练习倾听能力，并根据指令快速做出反应，动作敏捷。

2. 乐于参与民间游戏。

游戏玩法：

1. 游戏分5组，每组5名参与者，每个参与者各代表一种颜色的萝卜。

2. 由A颜色的萝卜开始说："A萝卜蹲，A萝卜蹲，A萝卜蹲完B萝卜蹲。"被选中的B萝卜要立即开始蹲，边蹲边说："B萝卜蹲，B萝卜蹲，B萝卜蹲完C萝卜蹲。"依此类推。

3. 叫错萝卜颜色的（例如叫出"黑萝卜"，但5种颜色的萝卜中没有黑萝卜）、蹲错的或者没蹲的萝卜，被淘汰。

图5-25　中班游戏"萝卜蹲"

游戏名称：熊和石头人

活动目标：

1. 能较好地控制自己的行动，反应灵敏。

2. 能听信号完成游戏，享受游戏带来的乐趣。

游戏玩法：

"熊"和幼儿同时往前走，"熊"可以随时回头看，幼儿看见熊回头必须立即停止不动，保持原来的姿势装作

图5-26　中班游戏"熊和石头人"

"石头人"。如果"熊"发现谁动了,就喊出对方的名字,该幼儿要站到场外。最先到达终点线的幼儿为胜利者,胜利的幼儿再来扮"熊"。

游戏名称:木头人

活动目标:

1. 能在游戏中控制自己的身体,在规定时间内努力做到静止不动。

2. 能根据指令变换模仿动作,体验乡土游戏带来的快乐。

游戏玩法:

幼儿一起说口令:"山山山,爬高山,山上有个木头人,不许动,不许笑,不许露出小白牙。"口令说完,立即保持静止状态,无论本来是什么姿势,都必须保持不动。如果有一人先忍不住说话、笑或者有其他动作,则这个人是游戏失败者,其他人可以打他的手心惩罚,并且叫口令:"你为什么欺负我们木头人,木头人不说话!"然后开始下一轮木头人游戏。

> 《木头人》
> 山山山,爬高山,
> 山上有个木头人,
> 不许动,不许笑,
> 不许露出小白牙。

游戏名称:摸盲

活动目标:

1. 尝试听声音辨别方位,并在蒙眼的状态下抓住同伴。

2. 感受游戏带来的乐趣,享受与同伴共同游戏的快乐。

游戏玩法:

一名幼儿当"盲人",其余幼儿围着"盲人"转,当"盲人"说"停"时,所有幼儿都要停在原地不动,被"盲人"摸到并正确说出名字的幼儿来当盲人。

图5-27　中班游戏"摸盲"

游戏名称：卷白菜心

活动目标：

1. 促进反应能力的发展。

2. 体验与同伴游戏的快乐。

游戏玩法：

幼儿手拉手站成一列，站在最前边的同学是白菜心。游戏开始后，大家一边有节奏地说"卷心菜，真好看，外面青，里面白，一层一层卷起来，卷呀，卷呀，卷白菜！卷呀，卷呀，卷白菜……"，一边以"白菜心"为中心点来卷绕，中途掉队者将会被淘汰，其出场以后，游戏继续开始，且速度逐渐加快，最后的获胜者做下一轮游戏的"白菜心"。

图5-28　中班游戏"卷白菜心"

游戏名称：荷花荷花几月开

活动目标：

1. 在问答与合作中感受民间体育游戏的快乐。

2. 能听懂口令，在一定范围内追逐着跑。

游戏玩法：

全体幼儿围圈站好，请一名幼儿站在中间，扮演荷花。游戏开始，圈上的幼儿手拉手按顺时针方向走，边走边问中间的幼儿："荷花荷花几月开？"中间幼儿答："一月开。"然后继续问："一月不开几月开？"答："二月开！"以此句式进行回答，当"荷花"答到"六月荷花多多开"时，圈上的幼儿四散分开跑，"荷花"追赶，被抓到的幼儿再来扮演"荷花"继续游戏。

游戏名称：弹弹珠

活动目标：

1. 能瞄准目标进行弹珠子游戏，促进手眼协调能力的发展，体验竞赛游戏的乐趣。

2. 理解规则的意义，在游戏中自觉遵守游戏规则。

游戏玩法：

1. 地上挖5个洞，一个较大（约5厘米，作为死洞），另外4个较小（约1.5厘米），由起点开始将弹珠依照1、2、3、4洞的顺序弹入洞中。

2. 玩的过程中，不能将弹珠弹入死洞中，否则就必须回到起点从头开始。如果发现有人的弹珠快要接近洞口时，可以用自己的弹珠把它弹走。

图5-29　中班游戏"弹弹珠"

3. 将弹珠依序弹进洞里后，再往起点方向弹弹珠，最先到达者为胜利者，可以赢得其他人的弹珠。

游戏名称：竹蜻蜓

活动目标：

1. 学会"搓"的技能。

2. 在游戏过程中，能避开障碍物，学会保护自己。

游戏玩法：

两手将竹蜻蜓的手柄拿在手心，右手向前搓到尽头。（搓的力量大，搓得快，竹蜻蜓就会飞得高且持久）

图5-30　中班游戏"竹蜻蜓"

游戏名称：拍手背

活动目标：

1. 能按规则进行游戏，反应灵敏，躲闪灵活。

2. 促进幼儿手眼协调能力的发展。

游戏玩法：

两名幼儿先准备好姿势，拍的一方手在下面、掌心朝上，躲的一方手在上面、掌心朝下。拍的幼儿要用自己的智慧，想办法拍到对方的手背，拍到就赢；躲的幼儿要用自己的智慧不让对方拍到，这样就赢了。

图 5-31　中班游戏"拍手背"

游戏名称：脚尖脚跟跳

活动目标：

1. 能快速连续跳跃。

2. 体验竞技游戏。

游戏玩法：

幼儿双手叉腰边念边跳，脚尖（右脚尖朝后点地），脚跟（右脚跟朝前点地），脚尖踢（将右脚尖朝左前方点地），接着向右前方踢，第三遍换左脚，依次反复进行。

图 5-32　中班游戏"脚尖脚跟跳"

游戏名称:孵小鸡

活动目标:

1. 学习相互合作,增强责任感。

2. 动作灵活迅速、反应敏捷。

游戏准备:

小板凳一条、石头或积木若干;参与人数宜4个小朋友以上。

游戏玩法:

游戏者中选一人当"鸡妈妈"坐在凳子上,凳子下放几个"蛋"(可用石头代替),表示"鸡妈妈"在孵蛋。其余游戏者做"耗子","耗子"在鸡妈妈身边钻来钻去,伺机取"蛋"。"鸡妈妈"可以用身体保护下面的"鸡蛋",但不能离开凳子。"耗子"伸手取蛋时,"鸡妈妈"要迅速拍"耗子"的手臂,被拍到的就不许再取"蛋"了。游戏可玩到"鸡蛋"被取完为止。

游戏名称:冰棍化了

活动目标:

1. 能积极主动地参与游戏。

2. 能按照规则进行游戏。

3. 练习在指定范围内追逐跑,动作迅速,反应敏捷。

游戏玩法:

选一名幼儿做追逐者,其他幼儿扮成冰棍。游戏开始,幼儿在指定范围内四散跑开,追逐者去追。如果幼儿发现自己将被追上时,站住不动喊"冰棍",追逐者就不能再追,其他幼儿等待时机去救"冰棍"(趁追逐者离开,快速拍该幼儿并说"冰棍化了"),该幼儿就获救,继续游戏。被捉住的幼儿则停止游戏一次。

游戏名称:地雷爆炸

活动目标:

1. 练习四散跑。

2. 能及时避开障碍物,保护自己。

3. 增进同伴间的互相了解。

游戏玩法:

游戏前,幼儿通过猜拳决出一个追逐者,其余幼儿为逃跑者。游戏开始时,集体念唱儿歌,念到最后一个字时逃跑者立即四散跑开,追逐者去追赶,直到一个人被捉住时,立即蹲下,大声喊"地雷",追逐者就

图5-33 中班游戏"地雷爆炸"

必须停止,追逐下个目标。而"地雷"只能蹲下,只有等其他人来拍一下自己并大喊"爆炸",才能被解救,然后继续做逃跑者。

游戏名称:踩影子

活动目标:

1. 在一定范围内四散奔跑。

2. 在奔跑中促进幼儿躲闪能力的发展。

3. 进一步了解光和影子的关系,体验游戏的乐趣。

游戏玩法:

在场地上画好圆圈,指着圆圈告诉孩子们玩踩影子游戏的规则。选出捉影人,其他孩子在圆圈内奔跑,注意躲闪捉影人,捉影人踩住谁的影子,谁就算输并被罚出圆圈外。交换角色,尽量多地给孩子当捉影人的机会。

图5-34 中班游戏"踩影子"

<hr />

游戏名称：我是萝卜

活动目标：

1. 积极参与游戏、喜欢玩游戏、乐于参与其中。

2. 练习四散奔跑、停住不动的能力。

3. 愿意接受挑战，遵守游戏规则。

游戏玩法：

参加者一人做追逐者，其他人在一定范围内自由跑。游戏开始后，追逐者可任意追某一人。当被追者快被捉住时，可以站定，双手交叉搭在两肩上说"我是萝卜"，这样追逐者就不能捉他。当"萝卜"的要等同伴来拍一下，表示救了他，这样才可继续跑动。追逐者捉到一人后，就与被捉者交换角色，被捉到的人当下一轮追逐者，游戏重新开始。

游戏名称：撒网捕鱼

活动目标：

1. 练习快速奔跑和躲闪的能力。

2. 体验撒网捕鱼游戏的快乐。

游戏玩法：

选取 2 名幼儿当"渔网"，2 名幼儿当"渔民"，其余幼儿均当"小鱼"。"渔网"撒向河里，"小鱼"快速逃跑，如"小鱼"游到场地外算被"渔民"捕到，由"渔民"捉到筐内，直至所有"小鱼"被抓住，游戏结束。

图 5-35　中班游戏"撒网捕鱼"

游戏名称：揪尾巴

活动目标：

1. 锻炼动作的协调性和敏捷性。

2. 提高交往、竞争、合作和创新的能力。

游戏准备：

"尾巴"若干。

游戏玩法：

1. 分组游戏。

男孩做揪尾巴的人，女孩既要跑得快又要使自己的尾巴不被揪下来（互换角色进行游戏）。

2. 自由游戏。

图5-36　中班游戏"揪尾巴"

每名幼儿既要当揪尾巴的人，又要保护自己的尾巴。听到教师的口令后，幼儿互揪尾巴。游戏结束，以揪到别人尾巴多的人为胜。

游戏名称：丢手绢

活动目标：

1. 锻炼大肌肉的发展。

2. 增强应变能力，身体的灵活性和表现能力。

游戏玩法：

开始前，大家利用"石头剪刀布"或其他方法，选出一个丢手绢的小朋友，其余的人围成一个大圆圈蹲下。游戏开始，大家一起唱起《丢手绢》歌谣，被推选为丢手绢的人沿着圆圈外行走或跑步。在歌谣唱完之前，丢手绢的人要悄悄地将手绢丢在其中一人身后。被丢了手绢的人发现自己身后的手绢后,要迅速起身追逐丢手绢的人,丢手绢的人沿着圆圈奔跑,跑到被丢手绢人的位置时蹲下,如被抓住,则要表演一个节目。如果被丢手绢的人在歌谣唱完后仍未发现身后的手绢,

图5-37　中班游戏"丢手绢"

一直到丢手绢的人转3圈后被抓住,就要做下一轮丢手绢的人,他的位置则由刚才丢手绢的人代替。

游戏名称：抢板凳

活动目标：

1. 能够按指令进行游戏,反应敏捷。
2. 练习有目的地抢占板凳。

游戏玩法：

将板凳围成一个圈,幼儿站成一个圈,主持人拿一根木棒开始敲板凳,幼儿围着板凳同一方向转,并且按敲击的快慢有节奏地转圈,当敲击声停止时,幼儿就要抢坐在板凳上,因为差一条板凳,所以会有一人没板凳,没抢到板凳者将被淘汰。被淘汰者下场的同时撤下一条板凳,继续进行第二轮,如此反复,直至2人争1条板凳,最后抢到板凳者为冠军。

图5-38　中班游戏"抢板凳"

游戏名称:贴膏药

活动目标:

1. 能快速追逐跑,反应敏捷。
2. 体验同伴一起游戏的快乐。

游戏玩法:

图5-39　中班游戏"贴膏药"

选择一名幼儿做"膏药",准备逃跑,另一名去追,抓住为胜;逃跑的幼儿可随意选择一名幼儿站在其后面喊"贴",不动为安全;追人者抓住逃跑同伴后,逃与追之间的角色互换,游戏继续。教师可作为第一位逃跑者与幼儿进行互动。

游戏名称:猫捉老鼠

活动目标:

1. 练习钻和追逐跑。
2. 在角色扮演中感受游戏的趣味性及团队合作的意识。

游戏玩法:

图5-40　中班游戏"猫捉老鼠"

请4名幼儿扮演猫站在大圆圈内,另请数名幼儿扮演老鼠,站在大圆圈外,其余幼儿站在大圆圈上手拉手,用橡皮筋当篱笆。全体幼儿边唱歌边做动作,唱完最后一句时,"老鼠"要设法钻进"篱笆"偷"粮食"(小沙袋)。偷到的"粮食"放在鼠洞里。"猫"要看守"粮食",并追捉"老鼠",被捉住的"老鼠"站到场地一端,到一定时间或捉到一定数量的"老鼠"后,游戏结束。"猫"只能捉钻进篱笆内的"老鼠","老鼠"被拍到就算捉住;"老鼠"每次只能偷一袋"粮食"。

游戏名称：打地鼠

活动目标：

1. 通过钻、跑和连续下蹲，增强腿部肌肉和下肢力量。

2. 理解游戏规则，在游戏中能够自觉遵守游戏规则。

游戏玩法：

1 至 2 名幼儿打地鼠，其余幼儿当地鼠。"地鼠"可以自由地在树洞里钻来钻去，也可以从洞口跳出来。如果跳出来的时候被锤子打到，幼儿就输了，得出局。

图 5-41　中班游戏"打地鼠"

游戏名称：母鸡下蛋

活动目标：

1. 练习双脚夹蛋行走和绕开障碍物行走。

2. 感受游戏带来的乐趣，乐于与同伴共同游戏。

游戏玩法：

将鸡蛋夹到两腿间，绕过障碍物，走到指定的箩筐里"下蛋"。可以将幼儿分成两组"母鸡"来比一比，哪一组下蛋下得又好又快即为胜利方（如果鸡蛋掉了就赶紧捡起来，夹着继续去"下蛋"）。

图 5-42　中班游戏"母鸡下蛋"

游戏名称：丢沙包

活动目标：

1. 能主动参与游戏,体验躲闪、投掷的快乐。

2. 能按规则进行游戏,反应灵敏,躲闪灵活。

3. 体验与同伴一起游戏的乐趣。

游戏玩法：

两人分别站在两头丢沙包,其余的人在中间躲来躲去。一般采取淘汰制,中间的人若被沙包击中就得充当"投手",如果用手直接抓住丢过来的沙包则可加上一次"生存机会"。音乐声响起开始游戏,音乐声停结束游戏。

图5-43　中班游戏"丢沙包"

游戏名称：打雪仗

活动目标：

1. 练习走、投掷等基本动作技能,锻炼上肢肌肉力量,训练身体的灵活性。

2. 敢于挑战,体验竞技游戏的快乐。

游戏玩法：

分成两组对抗,将纸团成球状,然后单手握住纸团高举,眼睛看着远方,用力地往远处投掷。当然,一定要注意不要投向同伴的头部,尽量投到对方阵营里。哪一方投到对方阵营里的纸球多,哪一方就是胜利方。

图5-44　中班游戏"打雪仗"

游戏名称：推小车

活动目标：

1. 体验与同伴合作游戏的快乐。

2. 锻炼上肢力量，能相互配合、身体协调地进行游戏。

3. 练习双手撑地交替向前走的动作。

游戏玩法：

两名幼儿为一组，分别扮演"小推车"和"推车人"，扮"小推车"的幼儿双手撑地，"推车人"用双手分别握住"小推车"幼儿的双腿并抬起，两人相互配合进行游戏。熟练后，可进行比赛，从起点走到终点，以先到终点的一组为胜。一轮结束后，两人交换角色，游戏重新开始。

图 5-45　中班游戏"推小车"

大班乡土游戏

游戏名称：拔河

活动目标：

1. 体验集体协作带来的快乐。

2. 锻炼幼儿的手臂及腿部力量。

3. 能听口令做相应的动作。

游戏玩法：

1. 比赛场地：在地上画3条直线，间隔为2米，居中的线为中线，两边的线为边界。

2. 比赛方法：比赛采取三局两胜制，在场地上画3条平行的短线，两支队伍相距2米，拔河绳中间系一根红带子作为标志带，下面挂一重物垂直于中线，参赛的两队人数相仿，同时上场。裁判员发出"预备"口令，双方队员站好位置拿起拔河绳，拉直做好准备。待裁判鸣哨后，双方各自一齐用力拉绳，把标志带拉过本队河界的队为胜方。

图5-46　大班游戏"拔河"

游戏名称：掰手腕

活动目标：

1. 体验竞赛游戏的快乐。

2. 锻炼手臂力量。

游戏玩法：

两名幼儿面对面坐在桌子两边，用相同的手相扣，把胳膊肘支在桌面上，喊"1、2、3"同时用力，谁先把对方手腕掰倒谁为胜利者。其间胳膊不能离开桌面掰，离开桌面即为犯规。

图5-47　大班游戏"掰手腕"

游戏名称：翻花绳

活动目标：

1. 体验合作的快乐。

2. 发展幼儿手部精细动作。

3. 具有一定的评价能力，对自己或同伴的行为做出合理的判断和评价。

游戏玩法：

先打个小巧结，环绕于单手或双手，然后撑开。翻花绳分单人或双人两种。

单人的玩法：将绳圈套在双手上，用双手手指或缠或绕或穿或挑，经过翻转将线绳在手指间绷出各种花样来。

双人的玩法：一人以手指将绳圈编成一种花样，另一人用手指接过来，翻成不同的花样，相互交替，直到一方不能再翻下去为止。

图5-48　大班游戏"翻花绳"

游戏名称：拾石子

活动目标：

1. 提高幼儿手眼协调能力。

2. 幼儿从游戏中感受事物的数量关系，体验数学的趣味性。

3. 感受乡土游戏的趣味。

游戏玩法：

八块或者十几块大小如大拇指的石头，放双手的手背上，突然把手掌翻过来，将留在手心里的一块或两块抛起来，在没落下前，第一次右手捡地上一块石子，第二次再把一块或者两块石子抛起来，在抛起的石子没落地前右手捡起地上两块石子，第三次捡三块石子，反复循环。直到抛起的石子落地，没接到手中为失败。

《拾石子》

我的一，年初一，放了鞭炮穿新衣；

我的二，二月二，买了新衣送侄女；

我的三，三月三，春暖花开上高山；

我的四，四月八，姐妹上山看牡丹；

我的五，端阳五，大麦小麦都上场；

我的六，六月六，天上黄河九道湾；

我的七，到七夕，中郎织女上天飞；

我的八，到十五，西瓜月饼庆丰收；

我的九，重阳九，满园菊花一片黄；

我的十，十样景，前有十座高山岭！

游戏名称：接龙珠

图5-49　大班游戏"接龙珠"

活动目标：

1. 感受团队的合作和成功的喜悦。

2. 锻炼身体各个部位的灵活性。

游戏玩法：

数名幼儿手持一截剖开的水管排成一列，将"龙珠"（乒乓球、玻璃珠、报纸球等）运送至一个篮子里。

游戏名称：抬花轿

活动目标：

1. 体验同伴合作和竞赛的快乐。

2. 探索各种抬花轿的方法进行游戏。

3. 锻炼手臂的力量。

游戏玩法：

三人一组，两人抬轿，一人坐轿。抬轿幼儿的左手握住右手腕，再将自己的右手握住对方的左手腕，呈"8"字形。坐轿者双脚分别插进抬轿者双手形成的圆圈中，坐在两人的手背上，双手分别搂住抬轿者的颈部。游戏开始时，抬轿幼儿侧身向前跑，以先跑到终点为胜。游戏重新开始，坐轿者和抬轿者角色互换，游戏反复进行。

图5-50　大班游戏"抬花轿"

游戏名称:拍纸包

活动目标:

1. 了解游戏的名称、规则、玩法。

2. 能有力量地挥动臂膀,拍动纸包使其翻面。

3. 感受游戏带来的快乐。

游戏玩法:

用"石头剪刀布"决定谁先开始,输的一方把纸包(正面向上)平稳地放在地面上,赢的一方拿起自己的纸包,用力向地面上的纸包打击(也可以打在别的地方),只要纸包翻面即为赢。

图5-51　大班游戏"拍纸包"

游戏名称:投壶

活动目标:

1. 锻炼身体并感受投壶的有趣性。

2. 培养坚持的品质,能自我排遣挫折和失败。

游戏玩法:

投壶者站在离壶1米处(人与壶的距离可做灵活调整),手拿"箭羽"投向"壶"中,共8支箭羽,投中次数多者获胜。反复游戏之后可增加难度,延长距离或背向投射等。

图5-52　大班游戏"投壶"

游戏名称:套圈

活动目标:

1. 喜欢乡土游戏,体验乡土游戏的快乐。

2. 能看准物体抛、扔,提高目测及手眼协调能力。

游戏玩法:

在 6 米×2 米的长方形场地内,从起套线 1.8 米处起放 20 个瓶子,间隔距离为纵向 0.4 米,横向 0.3 米。

图5-53 大班游戏"套圈"

准备直径为 11 厘米的套圈每人 10 个。比赛时每个小朋友持 10 个圈,投 10 次。从起套线向前的瓶子分值依次为 1、2、3、4、5 分,未投中计 0 分。

根据小朋友套中分值的总和计算,分数高者名次列前,如总成绩相等,按单次分值最高者列前。小朋友脚踏或超过起套线为犯规,投中无效。

游戏名称:舞狮

活动目标:

1. 能与同伴合作玩舞狮游戏,动作协调一致。

2. 感受乡土传统游戏的乐趣。

游戏玩法:

幼儿三人一组,一人舞彩球,手持彩球逗引狮子跳舞。另外两人分别当狮头和狮尾。然后,三个人相互配合,进行练习走、跑、跳,试着将狮子舞起来。

图5-54 大班游戏"舞狮"

游戏名称：打陀螺

活动目标：

1. 体验乡土游戏的乐趣。

2. 锻炼手眼协调能力。

游戏玩法：

1. 水平法：弯身从身后翻转手腕，将陀螺往前抛再往后一拉，陀螺就会沿着地面水平方向向前旋转。

2. 垂直法：将陀螺从头顶上用力往地下甩，陀螺就会下降并旋转不停。

图 5-55　大班游戏"打陀螺"

游戏名称：舞龙

活动目标：

1. 了解舞龙的基本方法、步法。

2. 发展上肢力量，体验合作游戏的快乐。

游戏准备：

舞龙材料、无障碍场地。

游戏玩法：

一名幼儿当龙头，一名幼儿做龙尾，其余幼儿一个接一个在"龙头"后面做龙身，跟随绣球位置的变化做相应的动作。幼儿还可以灵活地变换花样，左右移动、盘旋，活灵活现地舞龙。

图 5-56　大班游戏"舞龙"

游戏名称：编花篮

活动目标：

1. 体验相互配合进行游戏的乐趣。

2. 能连续单脚跳，发展幼儿身体的平衡性、协调性。

3. 尝试探索不同的方法编花篮。

游戏玩法：

四名幼儿站好，一名幼儿将自己的右脚踝搭在旁边幼儿的手上，单脚站立。其余幼儿依次将自己的右脚踝搭在前一名幼儿的腿窝上，搭好后，犹如一个花篮。游戏开始，幼儿边说儿歌"编，编，编花篮，编好花篮上南山……"，边单脚圆周跳，以坚持的时间最长的小组为胜。

图5-57 大班游戏"编花篮"

游戏名称：跳山羊

活动目标：

1. 体验山羊跳带来的欢乐，通过竞赛游戏体验成功的喜悦。

2. 学习支撑分腿腾跃山羊跳的技能，增强上下肢的力量。

3. 能动作协调地进行山羊跳的练习，并勇于尝试更高的高度。

游戏玩法：

1. 一人跳多个山羊，参加者排成一列，除队尾一人外，全部做山羊，队尾一人从后向前依次排列的山羊上面一一跳过，然后到排头做山羊，其余人再依次从队尾跳至排头做山羊。

2. 多人跳一个山羊，一人做山羊，大家

图5-58 大班游戏"跳山羊"

从其背上跳过,跳一轮山羊高度由低向上升一次,跳不过者与山羊交换位置。

游戏名称:跳皮筋

活动目标:

1. 喜欢玩乡土游戏,感受合作游戏的快乐。

2. 能身体协调地单脚、双脚及单双脚轮流跳皮筋。

3. 练习用"踩""越""勾"的基本动作跳皮筋。

游戏玩法:

1. 大蹦:三人或多人一组,由两名幼儿撑皮筋,其余幼儿跳皮筋。幼儿站在皮筋一侧,双脚先跳进皮筋内,接着双脚分开跳到皮筋两侧,然后双脚再次跳进皮筋内,接着跳到皮筋另一侧,将临近的皮筋置于脚上跳过另一根皮筋,最后双脚跳出。

2. 马兰花:四人一组,三人撑皮筋成三角形,另一幼儿跳皮筋。先站在三角形一边的皮筋内侧,边说儿歌,边两脚交替依次跳出、跳进皮筋,如此继续跳三角形皮筋的第二条边、第三条边,游戏反复进行。

图5-59 大班游戏"跳皮筋"

游戏名称:跳长绳

活动目标:

1. 体验创造性玩绳的乐趣。

2. 能变换多种花样玩绳,发展幼儿动作协调能力,增强身体机能。

3. 学会抢长绳、跳大绳,锻炼幼儿有节奏地跳跃。

图5-60 大班游戏"跳长绳"

游戏玩法:

幼儿排成一队,一个跟着一个,依次跳,分为众人跳、单人跳、双人跳、三人跳,长绳不但可以两个人摇,也可多人摇。

游戏名称:踢毽子

活动目标:

1. 体验乡土游戏踢毽子的乐趣。

2. 初步学习用脚连续踢毽子,锻炼脚部的灵活度。

游戏玩法:

1. 盘踢:一腿站立支撑,另一腿屈膝外展,向内向上摆小腿,用踝关节内侧踢毽。等毽子落到膝盖以下的位置时,抬脚再次踢起,可以单脚持续踢,也可以双脚轮流踢击。盘踢是踢毽子入门的基础,没有很好的盘踢基础,其他一切踢法都是无法练习的。

2. 磕踢:自然放松站立,用手抛起毽子,然后提起大腿用膝关节将毽子磕起,注意小腿自然下垂,大腿不要外张或里扣。刚开始可以用手接毽,辅助练习,熟练后即可以磕踢、盘踢交替进行。磕踢特别适用于毽子下落时距离身体很近的情况,是盘踢的有利补充。

3. 拐踢:大腿放松,小腿发力,向身体后斜上方摆动,用踝关节外侧踢击。当毽子距离身体较远时,可以抬起大腿去接踢。这种踢法能够照顾到身体外侧和斜后方很大的范围。

4. 绷踢:大腿向前抬起,上身略微前倾,小腿向前摆动,髋关节、膝关节放松,在踢毽子的一刹那踝关节发力将毽子勾起。绷踢的发力可高可低,能救起即将落地的毽子。

图 5-61 大班游戏"踢毽子"

游戏名称：斗鸡

活动目标：

1. 体验合作竞赛游戏的快乐。

2. 能保持平衡，进行碰撞游戏。

游戏玩法：

两人一组面对面站好，单脚站立，另一条腿的小腿向内抬起，双手握住脚踝处。游戏开始时，幼儿跳向对方，用抬起的膝盖去碰撞对方，迫使对方失去平衡。抬起的脚先落地者则为失败者，游戏可反复进行。

图 5-62　大班游戏"斗鸡"

游戏名称：闪光跳

游戏目标：

1. 练习障碍连续跳。

2. 愿意向同伴展示自己的才能。

游戏玩法：

1. 两人或多人对抗，持续时间长者为胜。

2. 同时挑战多个闪光跳，持续时间长者为胜。

图 5-63　大班游戏"闪光跳"

游戏名称：蹴鞠

活动目标：

1. 体验合作竞赛游戏的乐趣。

2. 练习持物控球跑，提高控制能力。

3. 发展动作的协调性。

游戏规则：

比赛时，以鸣笛击鼓为号令，两支队伍分别为左军、右军，左军队员先开球，互相颠球数次，然后传给副队长，由队长将球踢向风流眼（球门洞），过者为胜。右军得球亦如此，结束时按过球的多少决定胜负，胜者有赏，负方受罚。同时，不用球门的踢法逐渐规范，这种踢法叫作白打，属个人表演性活动，对球员控球能力有更高要求，除手外，头、肩、臂、胸、腹、膝各部位均可触球，变换各种花样，先落地或违规者输。

图5-64　大班游戏"蹴鞠"

游戏名称：骑马打仗

活动目标：

1. 体验相互配合进行游戏的乐趣。

2. 学习进攻和防守的方法。

3. 锻炼灵活敏捷、迅速反应的能力。

游戏规则：

1. 一个人背着一个人，对战。

2. 一个人当马，一个人当骑士，两个人组合成一个"战队"。

3. 骑士掉下"马"来就算输，另一方获胜。

图5-65　大班游戏"骑马打仗"

游戏名称：挤山堆

活动目标：

1. 感受同伴一起游戏的乐趣。

2. 通过一起"挤"的动作，提高身体的灵敏度。

3. 愿意接受挑战，对自己的运动能力具有信心。

游戏玩法：

若干名幼儿靠墙而立，用肩部的力量向中间挤，被挤出去的人走到旁边，再向中间挤，如此反复进行。幼儿边念儿歌边游戏，增添情趣，培养协作精神。

《挤一堆》

一、二、三、四、五、六，

六、五、四、三、二、一。

大家一起来做游戏，

挤山堆，挤啊挤，

挤一堆！

图 5-66　大班游戏"挤山堆"

游戏名称：滚铁环

活动目标：

1. 体验参与乡土游戏的快乐。

2. 能与同伴共同游戏，不断挑战。

3. 学习控制身体、手眼协调地滚铁环。

游戏玩法：

幼儿手持顶部是"U"字形的铁环，用"U"字形勾住铁环外侧，推动铁环向前滚动，幼儿跟着滚动的铁环跑，努力保持铁环不倒。

图 5-67　大班游戏"滚铁环"

游戏名称：扎手绢

活动目标：

1. 发展幼儿的追逐能力，培养比赛竞争意识。

2. 巩固扎手绢、解手绢的方法。

游戏玩法：

全体幼儿手拉手，成一个圆圈。两位幼儿在圈外相对的地方分别将手绢扎在圈上某位幼儿的手腕上，然后以最快的速度

图 5-68　大班游戏"扎手绢"

往顺时针方向跑，将对方扎的手绢解下，扎在前一位幼儿的手腕上，扎好再往前跑去解前面的手绢。若另一位幼儿还未扎好就被追上则为输者，与被扎手绢幼儿换位，游戏继续开始。

游戏名称：抢柱子

活动目标：

1. 体验和同伴一起游戏的快乐。

2. 锻炼幼儿快速奔跑和迅速反应的能力。

游戏规则：

1. 柱子个数少于人数；

2. 所有参加游戏的人员在柱子中间沿着柱子听着音乐舞动；

3. 音乐停止幼儿即刻去抢占柱子，一柱一人；

图 5-69　大班游戏"抢柱子"

4. 连续3次未抢到柱子的人，退下来充当放音乐的人。（每次没有抢到柱子的人，身上都会被贴上标记，直到贴满3个退下来为止）

游戏名称：人枪虎

活动目标：

1. 锻炼快跑的能力，在快跑的过程中注意分散、避让。

2. 注意奔跑时的安全，以免发生碰撞，增强自我保护意识。

游戏玩法：

将幼儿分成人数相等的两队，面对面站在场地中央的两条平行线后，每队请一名幼儿当队长，站在队伍中央。游戏开始，各队队长与队员共同小声商议本队要做什么动作，然后教师发出信号"一、二、三"，两队立刻同时说出自己商定的角色，并用动作表示。人可拿枪，枪可击虎，虎可吃人。负队转身往安全线方向跑，胜队立即捉负队的幼儿，被抓住的幼儿加入胜队。如果两队动作相同，重新换动作。游戏反复进行，结束时以人多的队为胜。

图5-70　大班游戏"人枪虎"

游戏名称：老鹰抓小鸡

活动目标：

1. 感受多人合作游戏的乐趣。

2. 尝试闪、躲、走和跑。

游戏玩法：

一名幼儿扮老鹰，一名幼儿扮老母鸡，其余人皆为小鸡。小鸡拉住老母鸡的后衣襟，且一个拉一个。老母鸡张开双臂保护小鸡，小鸡依次紧随其后。老鹰窜入鸡群左追右赶，瞅准机会猛扑过去抓小鸡，若抓

图5-71　大班游戏"老鹰抓小鸡"

不住依旧担任老鹰,若抓住一只小鸡,则被抓者当老鹰,原老鹰改扮小鸡,游戏再次开始。

游戏名称:击鼓传花

活动目标:

1. 感受游戏的乐趣。

2. 锻炼反应的灵敏性。

3. 在同伴面前大胆表现自己。

游戏规则:

1. 按照顺时针或逆时针顺序传"花球",不可以传错方向。

2. 鼓声停止,花球就不可以再传了。

3. 传花球的时候要保证每个人都必须传到,不可以跳传或漏传。

图5-72　大班游戏"击鼓传花"

4. 在场的孩子都是监督员,要相互监督。

5. 违反游戏规则的要抽取卡片,读出惩罚内容并按内容实施。

游戏名称:抢绣球

活动目标:

1. 发展肩部、腰部和腿部力量及身体的平衡能力。

2. 感受乡土游戏带来的乐趣,体验与同伴游戏的快乐。

游戏玩法:

两两一组,幼儿套在绳圈里背对背站立,将绳圈放置腰间,手握绳圈,事先在每个人的前方2米处,各放一朵绣球,等信号发出后,各自用力向前拉绳子,尽力去抓绣球,首先拿到绣球者为胜。

图5-73　大班游戏"抢绣球"

游戏名称：猜拳跨步

活动目标：

1. 锻炼下肢力量及灵活性。

2. 学会跨大步的传统玩法。

游戏玩法：

两名幼儿从起点出发，以"石头剪刀布"猜拳分胜负，胜利的幼儿可以向前跨一大步，谁先到达终点谁获胜。

图 5-74　大班游戏"猜拳跨步"

游戏名称：赛龙舟

活动目标：

1. 锻炼幼儿的腿部力量和协调性。

2. 体验团结协作的乐趣，提高竞争意识。

游戏玩法：

1. 小朋友坐在地上，双腿微微弯曲，并用两手抓住后面小朋友的脚腕。

2. 比赛开始后，除了最后一位小朋友外，其他人的手都不能着地，然后用屁股向前移动。

3. 赛道长度可以设置为 8～10 米，每队最后一个人越过终点后，游戏结束。

图 5-75　大班游戏"赛龙舟"

游戏名称：瘸猫捉老鼠

活动目标：

1. 喜欢参加体育活动，愿意与同伴抱一抱。
2. 练习在大小不同的报纸上平衡站立。

游戏玩法：

扮演"瘸猫"者将同一边的手和脚用绳子捆绑在一起，坐在中间，其他幼儿扮成"老鼠"围成一个圈绕着"瘸猫"走，当儿歌念完之后，"瘸猫"就来捉"老鼠"，"老鼠"跑到家里，"瘸猫"就不能去抓。被抓的"老鼠"被关到"老鼠笼"，直至游戏结束。

《瘸猫捉老鼠》

小花猫，本领大，
老鼠一见就害怕，
老鼠设计把猫骗，
害得花猫变瘸猫，
瘸猫气得大声叫，
喵喵喵，老鼠吓得马上跑。

图 5-76　大班游戏"瘸猫捉老鼠"

游戏名称：两人三足

活动目标：

1. 感受合作游戏的快乐。
2. 发展动作的协调性与灵活性。
3. 学习两人三足走，锻炼腿部力量及身体的平衡性。

游戏玩法：

两名幼儿并排站立，将相近的两条腿用宽皮筋绑上，听到口令后开始从起点出发，最快走到终点的一组为胜。

图 5-77　大班游戏"两人三足"

第二节 本土文化

随着乡土游戏的不断深入开展,幼儿会时不时地冒出新点子,教师们根据幼儿的这些兴趣点,将有内在联系的乡土文化和乡土资源做有效整合,生成了一个个新的主题活动,如由"亭旁起义九十周年"引发了"红旗飘飘"主题,由跟随父母外出捕鱼引发了"讨小海"主题,还由参与冬至日活动引发了"神秘的祭冬"等活动。

表5-2 生成性主题活动

年龄段	主题	目标	游戏内容
小班	好玩的板龙(一)	认识家乡的中国龙	中国龙、龙的故事、米鱼龙的由来、制作米鱼龙、米鱼跳龙门、米鱼龙PK赛、米鱼龙闪亮秀
中班	好玩的板龙(二)	用自己喜欢的方式进行龙文化的表现活动	我知道的龙、不一样的龙、花桥龙灯的历史、手绘花桥龙灯、制作花桥龙灯、继续制作花桥龙灯、花桥龙灯舞起来、花桥龙灯展示秀、二龙戏珠、鱼龙混杂
	讨小海	了解海洋里的常见动物	健跳码头、海洋里面都有谁、小螃蟹、螃蟹爬行比赛、许多小鱼游来了、我的小鱼朋友
大班	好玩的板龙(三)	积极用各种形式创造性地表现龙文化,感受创造的乐趣	南北龙文化、龙的传说、金蛇狂舞、杨家板龙传奇故事、欣赏杨家板龙、杨家板龙模型打样、装饰杨家板龙、杨家板龙展示秀、耍龙、杨家板龙动起来、舞龙擂台战、群龙狂High、舞龙舞狮、龙腾虎跃
	红旗飘飘	了解本地的红色文化,寻找身边的红军精神,体会美好生活的来之不易	亭旁的故事、大兵和飞机来了、包定的故事、我眼中的亭旁、红色文化小人书、苏维埃政权建立、东南西北、谷仓岭事件、绣红旗、学做小红军、勇敢的小兵、炸坦克、运粮食、打雪仗、鸡毛信、打靶归来、制作手枪、射飞镖、扔炸弹、赤子、地道战、穿越火线

续表

年龄段	主题	目标	游戏内容
大班	神秘的祭冬	体验祭冬中的乡土游戏,对祭冬文化产生兴趣	什么是祭冬、祭冬的由来、家礼、祭冬知识问答、绘门神、抬花轿、我是小小篾匠、迎龙取水、金蛇狂舞、冬至汤圆来了、板龙的故事、板龙展、手制板龙、舞龙、摔跤、小小讲解员、二十四节气是什么、打糖咯、接龙珠、射飞镖、狮岭火龙、观看祭冬、骑马打仗、祭冬一条街

一、主题活动"好玩的板龙"

表5-3 "好玩的板龙"主题内容与进程

阶段	分支侧重目标	阶段侧重目标	集体教学活动	领域	周计划安排
第一阶段	感知龙文化	1.认识家乡的中国龙 2.为自己家乡的中国龙而自豪	1.中国龙	谈话	1-1
			2.龙的故事	语言	1-2
			3.米鱼龙的由来	绘本	1-3
			4.制作米鱼龙	美术	2-1
			5.米鱼跳龙门	乡土游戏	2-2
			6.米鱼龙PK赛	乡土游戏	2-3
			7.米鱼龙闪亮秀	展示秀	2-4
第二阶段	创造龙文化	1.结合龙文化,动动小手,展现龙文化的内涵 2.能用自己喜欢的方式进行龙文化的表现活动	1.我知道的龙	谈话	1-1
			2.不一样的龙	语言	1-2
			3.花桥龙灯的历史	绘本	1-3
			4.手绘花桥龙灯	美术	2-1
			5.制作花桥龙灯	美工	2-2
			6.继续制作花桥龙灯	美工	2-3
			7.花桥龙灯舞起来(上)	乡土游戏	3-1

续表

阶段	分支侧重目标	阶段侧重目标	集体教学活动	领域	周计划安排
第二阶段	创造龙文化	1. 结合龙文化,动动小手,展现龙文化的内涵 2. 能用自己喜欢的方式进行龙文化的表现活动	8. 花桥龙灯舞起来(下)	乡土游戏	3-2
			9. 花桥龙灯展示秀	展示秀	3-3
			10. 二龙戏珠	乡土游戏	3-4
			11. 鱼龙混杂	乡土游戏	3-5
第三阶段	玩转龙文化	1. 引导幼儿融入神奇的龙世界,积极用各种形式创造性地表现龙文化 2. 体验创造的乐趣,探索龙文化创造出来的奥秘	1. 南北龙文化	谈话	1-1
			2. 龙的传说	语言	1-2
			3. 金蛇狂舞	音乐	1-3
			4. 杨家板龙传奇故事	绘本	1-4
			5. 欣赏杨家板龙	综合	2-1
			6. 杨家板龙模型打样	美术	2-2
			7. 装饰杨家板龙	美术	2-3
			8. 继续装饰杨家板龙	美术	2-4
			9. 杨家板龙展示秀	展示秀	2-5
			10. 耍龙	综合	3-1
			11. 杨家板龙动起来	乡土游戏	3-2
			12. 舞龙擂台战	擂台战	3-3
			13. 群龙狂 High	团体秀	3-4
			14. 舞龙舞狮	乡土游戏	3-5
			15. 龙腾虎跃	乡土游戏	3-6
主题环境创设	1. 制作"龙文化"展板,鼓励幼儿把主题活动中制作的物品或有关龙的图片布置在活动室内 2. 收集各种各样有关龙的物品或图片,布置在活动室一角,如板龙、米鱼龙、龙灯等 3. 创设龙文化乡土游戏区				

南北龙文化（谈话）

活动目标：

1. 了解龙文化的起源、发展。

2. 能正确地认识南北舞龙文化，萌发热爱龙文化的情感。

活动准备： PPT。

活动过程：

一、谈话，引出话题，激发幼儿兴趣

教师：象征民族文化的龙，深受大家的喜爱。周末小朋友们和爸爸妈妈进行了一次南北舞龙文化的资料收集，说说你们的发现。

二、龙的起源与分类

舞龙种类繁多，各具特色。

1. 南龙。

南龙，顾名思义，是在江南一带发展起来的舞龙形式。南龙的龙身比较重，龙头是整条龙最重的部分。南龙的风格在于有气势。

2. 北龙。

北龙是在江北一带发展起来的舞龙形式。以龙身来说，北龙龙头比较细小、轻巧，用料可以是传统的纸扎，也可以用比较新颖的轻的胶质，以便做出多花样的动作，譬如：左右翻腾等。有别于南龙，北龙的动作细、多，故而体力要求相对降低。北龙的动作，通常都适宜在漆黑环境中进行。所以，制作北龙的物料都带荧光。

三、教师展示PPT

介绍火龙、草龙、人龙、布龙、竹叶龙、荷花龙、板凳龙、七巧龙、大头龙、夜光龙、香火龙、焰火龙等等。

1. 布龙。

奉化舞龙迄今已有800多年的历史，形式多样，造型精巧，色彩丰富，表演独到，有布龙、断尾巴龙、绣花龙、草龙等。龙一般为九节、十八节，多至二十四节。同是舞龙，各村各乡却各有所长，如鄞州区的青龙特点是圆、美、活；绣花龙则色彩斑斓、艳丽夺人;象山县的白龙,一身素色,颇见神采,舞龙人脚系响铃,舞龙时形声相伴,声情并茂。

2. 火龙。

又叫舞火龙,是流传于重庆铜梁、广东丰顺等地的民间传统项目。火龙出场先在场地上绕着大圈子,然后从龙嘴中喷火,接着巨大的龙身就在烟火和鞭炮声的包围之中,上下翻飞,左右腾舞。

3. 稻草龙。

又称草龙或香龙,主要流行于南方各地。浙江省衢州市开化县苏庄镇的舞草龙最具代表性,龙用稻草、青藤或柳枝等扎成。

4. 高跷龙。

高跷龙舞,是一种将高跷与龙灯舞融为一体的舞蹈形式。目前,在苏北地区乃至全国仅见于垛田镇高家荡村。

四、介绍具有代表性的舞龙文化

1. 5000人同时在万里长城舞动一条长3048米的"中国巨龙"。

2. 300条龙同时在天安门广场舞动,庆祝"九九回归"。

龙的传说(语言)

活动目标:

1. 欣赏龙的美,了解龙的外形特征。

2. 了解龙的由来,知道"龙"是古代中国人想象出来的神物,是中华民族的象征。

3. 分享有关龙的传说的故事,对神话故事感兴趣,萌发"我是龙的传人"的自豪感。

活动准备:

1. 物质准备:PPT。

2. 知识准备:收集有关龙的传说的小故事,了解龙文化。

活动过程：

一、龙文化

1. 欣赏。

教师：龙在我们的心目中具有特殊的意义。在古代，龙的形象只有皇族才可以使用。大家看，这些都是皇宫里的物品（课件展示：玉玺、龙玉佩、明代青花蟠龙瓶、龙扇、明朝金冠、清朝龙袍）。提问：这些物品上都有龙的形象，那么谁能说一下，在古代，龙有什么象征意义？

总结：在古代，龙是权力、威严的象征。

2. 龙与生活。

教师：现在龙的形象已经走进了千家万户，走进了我们的生活，你能说说在哪里见过龙的形象吗？

幼儿：元宵节的龙灯、端午节的龙舟……

教师：我也搜集了一些生活中的龙的形象（展示图片），大家想想，在今天，龙还象征着什么？

幼儿：象征着吉祥、幸福。

教师：是的，龙是我们中华民族的标志，它不仅代表着权威和神圣，象征着吉祥和力量，更象征着我们的祖国繁荣昌盛。

二、龙的基本特征

教师小结：龙的额头像骆驼额头；龙的眼睛像老虎的眼睛；龙的角像鹿的角；龙的身体像蛇的身体；龙的鳞片像鱼的鳞片；龙的爪子像老鹰的爪子。

三、有关龙的传说

1. 教师：你们之前已经收集了很多有关龙的传说的小故事，谁来分享一下？

2. 幼儿分享有关龙的传说的各种小故事。

3. 教师在幼儿分享的基础上可以适当地补充，如：《叶公好龙》《蛮龙归正》《岑港白老龙》等故事。

金蛇狂舞(音乐)

活动目标:

1. 熟悉乐曲结构并根据图形总谱创编动作。

2. 尝试使用乐器为乐曲伴奏。

3. 感受乐曲欢快热烈的氛围。

活动准备:

1. 幼儿欣赏乐曲、了解乐曲的曲风。

2. 动画短片、音乐磁带、图谱。

活动过程:

一、欣赏

欣赏动画短片,了解《金蛇狂舞》这首乐曲表现的是过年庙会上舞龙、耍狮子争绣球的热闹场面(幼儿分三组呈半圆形坐好,乐器放于椅子下面)

教师:小朋友们,还记得老师给你们讲过一个关于新年庙会的故事,庙会上都表演了什么节目吗? 同样,我们也欣赏了一首关于庙会上舞龙、耍狮子争绣球的乐曲《金蛇狂舞》,乐曲表现了过年庙会上舞龙、耍狮子争绣球的热闹场面。今天老师给小朋友们带来了一段《金蛇狂舞》的动画短片,请小朋友们欣赏!

欣赏完请幼儿回答问题:短片中表演了什么内容? 表演的顺序是怎样的?

二、出示图谱,分段欣赏并创编动作

教师:你们看短片中小演员们表演得那么好,小朋友们想不想也来表演呢? 老师这有一张图谱,下面我们就按照图谱来表演吧!

A. 引子(开始)部分

教师:开始部分表现的是人们热切期待演出开始的情景! 小朋友们边听边想,人们在节目开始演出前会做什么动作来表示欢迎呢?

1. 幼儿欣赏开始部分的乐曲。

2. 创编动作。

3. 教师哼唱乐曲,幼儿做动作。

前奏:XX ｜ XX ｜ XX ｜ 0X ｜ X- ｜

B. 舞龙部分

教师:表演舞龙时,十几个人舞动着一条长龙,长龙上下盘旋,左右摆动,如果你是小演员,你会怎样来表演舞龙呢?

4. 幼儿欣赏舞龙部分的乐曲。

杨家板龙传奇故事(绘本)

活动目标:

1. 认识杨家板龙,了解杨家板龙外形特征的构造。

2. 了解板龙的由来,知道这是家乡的象征,应该尊重和爱护。

活动准备:PPT。

活动过程:

一、师生互忆板龙,引起共鸣

教师:视频里的人在干什么?(舞龙)

教师:龙曾经是原始社会的人崇拜的图腾,寓意着幸福、吉祥、威武。随着时间的推移,龙的形态由简洁抽象到繁富华丽,不停地演变着,龙文化距今已有八千年的历史,我们中华民族也自豪地称自己为"龙的传人"。孩子们,今天我们来倾听我们家乡三门的龙故事——《杨家板龙传奇故事》。

二、讲述杨家板龙的传奇故事,激发幼儿的兴趣

1. 教师展示PPT,讲述杨家板龙的由来。

明隆庆初年,连年水灾、旱灾交加,当地老百姓的生活苦不堪言。他们认为这是主宰风雨雷电的龙在作威作福,只有虔诚尊敬龙,才能风调雨顺、五谷丰登。这种思想逐渐成为全村人的共识,因此在传统的元宵佳节灯会中举村迎龙。

2. 介绍杨家板龙的框架结构。

教师:杨家板龙以414米的长度,获得"大世界吉尼斯之最",以"天下第一长龙"的称号闻名于世。杨家板龙的制作与一般龙灯不同,它是将龙身固定在木板上,一段一段地连接成长龙,故称板龙。杨家龙头高达3米,长2米余,常

年被供奉在祠堂,龙身长 2 米左右,宽 0.3 米左右,由当地的迎龙户自己加工制作而成。

（1）杨家板龙的长度、构造怎么样？

（2）教师小结:杨家板龙由多段龙身连接而成,龙身的多少即为板龙长度的长短。它一般用 2 米左右的木板作为底座,两端凿圆孔,以木棒穿孔连接成长龙,手擎木棒出迎。板座上有用竹篾做成的龙头、龙身、龙尾骨架,外面糊以彩纸或裹上白布,再饰以龙须、龙眼、龙角、龙珠等,贴上龙鳞、龙鳍,绘上花纹图案以及剪纸等工艺品,造型生动。

（3）小组讨论:生活中,你在哪里见过龙的形象？龙都有哪些动态呢？

三、杨家板龙的传奇故事

教师展示课件讲述杨家板龙传奇故事。

附故事:杨家板龙

杨家板龙是缘于图腾崇拜意识而开始的迎龙活动,始于明隆庆初年,距今已有 400 余年。杨家村民将板龙奉为神圣不可侵犯的图腾,祈求通过元宵迎龙活动实现国泰民安、风调雨顺。杨家村的迎龙活动历经明、清与民国时期,虽有盛衰,但绵延不断。改革开放使神州大地百废俱兴,杨家板龙也在 40 余年的潜伏中被唤醒而腾飞。生活条件的改善使杨家村人民对迎龙活动的热情更加高涨,制作工艺也愈来愈精,龙身也越加越长,并最终以 414 米的长度,获得"大世界吉尼斯之最",以"天下第一长龙"的称号闻名于世。

杨家板龙的制作与一般龙灯不同,它是将龙身固定在木板上,一段一段地连接成长龙,故称板龙。杨家龙头高达 3 米,长 2 米余,长年被供奉在祠堂,龙身长 2 米左右,宽 0.3 米左右,由当地的迎龙户自己加工制作而成。待到正月十四元宵节(台州以正月十四为元宵节)时,龙头、龙尾被请出,与龙身聚集于广场,然后组合成一条完整的长龙。这时一些配套设施,如头牌、鼓亭、抬阁、五兽、龙筅、旌旗、火燎、棒头铳等也都陆续上阵。一切准备就绪后,只等一声哨响了……

人们也将板龙奉若神明,板龙出迎所经过的地方,沿途民众都会摆香案,虔诚接龙。板龙出迎时也都按规定的线路行进,久而久之也"游"出了一条所谓的"龙路"。即使原来的殿宇因为年代久远而塌陷,板龙还是要在这些废墟处盘旋片刻。每次迎龙活动中我们还可以看到一个小小的插曲——送龙珠。1949年前龙珠总是送给那些人到中年又无子女的家庭,1949年后也送给当地的企业家,这是因为人们的意识随形势的变化在不断地改变。

欣赏杨家板龙(综合)

活动目标:

1. 感受杨家板龙的美,体验人民群众的智慧和民间艺术的魅力。

2. 萌发热爱家乡,继承发扬家乡本土文化的情感。

活动准备: PPT。

活动过程:

一、激趣导入

教师:传说龙能行云布雨、消灾降福,象征着祥瑞,所以人们以舞龙的方式来祈求平安和丰收就成为全国各地的一种习俗。我们杨家亭旁的杨家板龙,是国内罕见的木质龙灯,代代相传,至少已有80多年的历史。

二、欣赏板龙,说说板龙各个部位

1. 教师展示图片,让幼儿说说板龙的样子,板龙的各个部位都像什么?

2. 教师:你知道杨家板龙的龙身、龙头、龙尾是由哪些材料制作的?(木板、竹篾等天然材料)

3. 你知道杨家板龙大约有多长?

4. 为什么杨家板龙可以做得这么长?

5. 教师小结:杨家板龙由多段龙身连接而成,龙身的多少即为板龙长度的长短。它一般用2米左右长的木板作为底座,两端凿圆孔,以木棒穿孔连接成长龙,手擎木棒出迎。

三、继续欣赏板龙,说说板龙的外形

板座上是用竹篾做成的龙头、龙身、龙尾骨架,外面糊以彩纸或裹上白布,再饰以龙须、龙眼、龙角、龙珠等,贴上龙鳞、龙鳍,绘上花纹图案,配上剪纸等工艺,造型生动。

杨家板龙模型打样(美术)

活动目标:

1. 通过观察、模仿练习,以立体的形式简单地将板龙的模型打样出来。

2. 增强幼儿的民族自豪感,进一步培养幼儿的合作意识。

活动准备:

1. 亭旁板龙的相关图片及舞龙的视频课件。

2. 白纸、记号笔、泡沫板、纸板、KT板、PVC水管、筷子、纸箱、各种卡纸等。

活动重点:

了解板龙是杨家文化的象征。掌握板龙的基本结构,初步学习以立体的形式打造板龙模型。

活动难点:

分组合作打样板龙模型,体验多人合作的重要性。

活动过程:

一、了解板龙的基本结构

教师:前面我们已经了解、欣赏过板龙,知道板龙是由哪几个基本结构组成的?(龙头、龙身、支撑架)

二、商量制作板龙步骤

1. 教师:如果我们也来分组制作能玩的立体板龙,我们第一步要干什么?第二步要干什么?第三步又要干什么?

2. 教师:对,第一步我们要打样,再选择材料,将板龙的模型打样出来,第二步是装饰板龙。

3. 教师:你们打算怎么将板龙的模型打样出来?龙头打算用哪些材料?龙身选择哪些材料?怎么将板龙以立体的形式表现出来?请你们分组进行讨论。

4. 幼儿分组进行讨论。

三、幼儿选择材料进行打样

四、幼儿创作,教师巡回指导

装饰杨家板龙(美工)

活动目标:

1. 幼儿能感知板龙的基本形态,利用纸箱制作板龙,并运用颜料、线描或蜡笔画等多种形式进行创意装饰。

2. 幼儿有积极的操作兴趣,能在装饰舞动的板龙中获得成功的喜悦。

活动准备:

1. 教具:杨家板龙细节图若干(形状、花纹、色彩等)、音乐。

2. 学具:纸箱若干个、彩纸、白布、颜料、瓶盖、纽扣、扭扭棒、粗细不同的吸管、纸杯、亮光纸、皱纹纸、卡纸、棒冰棍、一次性筷子、棉签、毛线、剪刀、双面胶、笔等。

活动过程:

一、板龙加工厂要开张啦

教师:中心幼儿园新开了一家创意板龙厂,正打算招募板龙制造家帮他们生产板龙。今天老师想给你们一个机会试试,看看你们能不能胜任这个任务,敢挑战吗?

二、舞动的板龙真神奇

1. 教师:一个合格的板龙制造家肯定要知道板龙是什么样的,我这里有杨家板龙图片,你们能帮我找出它的特征吗?

2. 幼儿观察讲述,教师进行总结。

教师:①舞动的板龙最明显的特征是由多段龙身连接而成的,龙身的多少即为板龙长度的长短。它一般用2米左右长的木板作为底座,两端凿圆孔,以木棒穿孔连接而成,手擎木棒出迎。板座上是用竹篾做成的龙头、龙身、龙尾骨架,外面糊以彩纸或裹上白布,再饰以龙须、龙眼、龙角、龙珠等,贴上龙鳞、龙鳍,绘上花纹图案,配上剪纸等工艺,造型生动。

②龙头有一定的厚度,表面会有漂亮的花纹。

③龙身可以有许多漂亮的色彩和装饰,这样舞动起来就更酷更特别了。

④原来,一条完整又漂亮的板龙有龙头、龙身,还可以有绚丽的色彩。

三、小小板龙生产家

1. 教师：我们来看看用什么做板龙的主体，瞧，我这里有好多厚厚的纸箱，怎么组合能做出一个舞动的板龙呢？（引导幼儿了解多个纸箱背靠背粘贴就能做成一个会舞动的轮子的底）

2. 教师：如果让你来设计，你们想怎样装饰它，把它变成漂亮的板龙呢？

3. 教师：老师把许多不同的材料分组放在桌上，你们看看都有什么？（分多个小组，各组放置有水粉绘画工具、线描勾线笔、蜡笔、纽扣等多种美工辅助材料）

4. 教师：你们想要用什么材料装饰板龙就走到那一组，开始自主创作吧！当然，你们也可以把几种方法结合起来。下面就是你们的板龙生产、装饰时间啦，希望每个人都能做出特别有创意的板龙。

5. 分组合作制作板龙。

6. 教师巡回指导，重点引导幼儿设计板龙的形态、色彩的搭配及装饰。

四、创意板龙展

1. 集体评价：幼儿拿着自己的板龙坐在位置上，师幼共同评价。（如：我看到你们每个人手上的板龙都很独特，xxx，你的板龙主要用什么装饰的呢？你可以介绍你的想法吗？你的板龙有好听的名字吗？你觉得自己的板龙漂亮在什么地方？你也可以让朋友评价你的作品……）

2. 教师：我们赶紧把这些漂亮的板龙送到展厅，让更多人看到吧！

杨家板龙展示秀方案

活动背景：

孩子们分组讨论，以合作的形式，在收集资料、分析资料的基础上了解了板龙的基本结构，再通过打样板龙模型，选择材料以立体形式呈现出板龙的基本模型，然后进行装饰，这个过程融入了孩子们的智慧和品质。如何让孩子们展示自己努力做出来的作品，又做到相互欣赏、借鉴，这就需要教师给他们提供一个开放、正式的平台，因此就有了板龙展示秀。

活动目标：

1. 运动目标：能协调地展示整条板龙。

2.认知目标:帮助幼儿认识乡土游戏的教育价值,在玩中体验乡土游戏文化。

3.情感目标:培养孩子合作意识,在与他人的互动中感受制作板龙带来的快乐。

活动准备:

1.场地准备:三门县中心幼儿园二楼大厅。

2.邀请嘉宾:园长、家长代表、其他教师代表、其他班级学生代表。

3.物资准备:

(1)幼儿制作的板龙。

(2)各班发放"活动通知",让教师和孩子们了解活动的地点、时间、内容、规则和要求。

(3)音乐。

(4)奖品:贴纸、玩具。

活动过程:

1.活动时间:早上9:30.

2.活动地点:三门县中心幼儿园二楼大厅

3.活动流程:

(1)园领导讲话,宣布本次活动意义、活动规则。

(2)每组幼儿依次轮流展示,在展示中幼儿可以事先准备好音乐,设计好自己小组展示的队形、位置等。

(3)展示后,每组推选出一名组长,向嘉宾和观众介绍自己组的板龙所选用的材料、优点和特色。

(4)幼儿选出自己心仪的板龙,老师颁奖。

耍　龙(综合)

活动目标:

1.认真观看舞龙队的表演,感受舞龙带来的热闹气氛。

2.初步了解舞龙的方法,体验舞龙的兴趣。

重点:通过操作,激发对舞龙活动的兴趣。

难点:能与同伴合作,将整条龙舞动起来。

活动准备:板龙四条,音乐。

活动过程:

一、谈话激趣,导入主题

教师引导幼儿讲述已有的舞龙知识,鼓励幼儿联系生活经验,大胆表述自己的想法。

教师提问:你看过舞龙吗？ 你在哪里看过？ 你知道舞龙是怎么来的吗？现在人们不光在过年的时候要舞龙,在重大节日、庆祝活动的时候也会舞龙来表达欢庆,我们一起来看看人们是怎么舞龙的。

二、观看视频,初步了解怎么舞

1. 认识板龙

教师出示板龙的活动教具,讲解板龙的结构(龙头、龙身、龙尾),帮助幼儿认识板龙。

2. 出示图谱,帮助幼儿掌握舞动板龙的方法。

(1)观看视频。

提问:他们是怎么舞龙的?

(2)出示图谱,教师小结:左右摇摆、上下抖动、后面的人紧跟前面的人做动作。

(3)幼儿徒手模仿舞龙动作的要点。

教师激发幼儿的已知经验参与活动,引导幼儿借助教具、图谱理解舞龙要点。

幼儿在说说、看看的过程中了解舞龙的全过程,增加学习舞龙的兴趣;通过观察图谱加深对舞龙的理解。

3. 幼儿尝试分组徒手练习舞龙动作。

(1)将幼儿分成红、黄、蓝、绿四队。

(2)各组商量各自的站位。

4. 小组尝试舞龙。

5. 教师小结(齐心协力,动作一致)。

教师引导幼儿运用肢体动作,与同伴合作,表演舞龙动作,将整条板龙舞动起来。

幼儿分工明确,和同伴协作舞龙。

三、大家一起舞龙,体验舞龙乐趣

(1)增加道具龙珠。

提问:这是什么? 它在舞龙队里起什么作用?

(2)各队商量、讨论,选出一名幼儿担当"龙珠"角色。

(3)放音乐,听指挥,分组表演。

教师引导幼儿互相欣赏,体验成功的喜悦,表达对舞龙的喜爱。

幼儿尝试合作表演,体验舞龙的乐趣。

"杨家板龙动起来"活动方案(乡土游戏)

活动背景:

《幼儿园教育指导纲要》中明确指出,应充分利用社会资源引导幼儿实际感受祖国文化的丰富与优秀,激发幼儿爱家乡、爱祖国的情感。龙是中国神话中的一种神异动物,传说中能兴云致雨,后成为皇权象征。上下数千年,龙已渗透中国社会的文化,是华夏民族的代表,是中国的象征,孩子们知道是龙的传人而更加高兴和自豪。通过乡土游戏"杨家板龙动起来",带领幼儿玩板龙,感受家乡乡土游戏的乐趣,从而产生对家乡的热爱与自豪之情,促进孩子们多方面的能力发展。

活动目标:

1. 运动目标:增强体质,提高走、跑、平衡等身体活动的基本技能,协调地将整条板龙舞动起来,并能走出一定的队形。

2. 认知目标:帮助幼儿认识乡土游戏的教育价值,在玩中体验乡土游戏文化。

3. 情感目标:培养孩子合作意识,在与他人的互动中感受舞龙活动带来的快乐。

活动准备：

1. 场地准备：三门县中心幼儿园零层场地。事先踩点,规划行进路线,安排活动站点。

2. 物资准备：

(1)活动中所需要的材料:板龙。

(2)各班发放"活动通知",让教师和孩子们了解活动的地点、时间、内容、规则和要求。

(3)每名幼儿准备一个水壶、一块汗巾、一个书包(装有小零食及垃圾袋),着运动服装。

(4)奖品:贴纸、玩具。

3. 安全准备:活动前让幼儿对活动中的一些安全注意事项有所了解。

活动过程：

1. 活动时间:早上9:30。

2. 活动地点:三门县中心幼儿园零层。

3. 每个班分成2列纵队,在教师的带领下一起跳操进行热身运动。

4. 游戏规则:

(1)由7到8名小朋友共同舞起一条龙,一名小朋友在前面拿龙珠,让龙头带着后面的龙尾跟着舞动。

(2)一组限时3分钟,可在场地自由跑动,体会合作的乐趣。

(3)中途若有小朋友要退出可由等待的小朋友替代。

(4)舞动时注意其他小朋友的速度及动作,注意彼此配合。

(5)音乐响起开始,音乐停止结束。

舞龙擂台战

活动目标：

1. 探索协同走和跑,提高身体的协调性。

2. 提高幼儿团队配合意识,体验合作舞龙的乐趣。

活动准备：四条板龙。

活动过程：

一、热身运动

幼儿在教师的带领下进入场地，面对教师四散站开，进行热身活动，重点练习下肢。

二、舞龙游戏

1. 介绍游戏规则，引出"舞龙游戏"。

8名幼儿一组，合作持一条板龙，老师为舞龙者，板龙能跟着舞龙手中彩球的高低及小鼓声的快慢，尝试不同的动作变化。（踮脚走、下蹲走、快走、慢走）

2. 每组选出一名舞龙者，根据舞龙者彩球的高低及小鼓声的快慢，尝试不同的动作变化。

三、舞龙擂台战

四、放松运动

群龙狂 high（团体秀）

活动目标：

1. 探索协调走和跑，提高身体的协调性。

2. 体验合作舞龙的乐趣，感受节目喜庆的氛围。

活动准备：

1. 事先观看过舞龙的视频、图片，对舞龙有一定的了解。

2. 若干横幅，一颗"龙珠"（圆球状物品绑在木棍上）。

3. 准备操练的背景音乐。

活动过程：

一、有请金龙

1. 教师带领幼儿进入场地，幼儿面对教师四散站开。

教师：今天有舞龙盛会，让我们一起用舞蹈来庆祝节日，现在请出我们的金龙！

2. 播放有锣鼓的音乐。

带领幼儿进行热身活动，重点练习下肢。

二、金龙狂舞

1. 幼儿自由探索舞龙的动作。

两名幼儿拉开一条横幅,做龙神。

教师:你们见过舞龙吗? 请你们两人一组来试试。

2. 教师举"龙珠",带领幼儿练习协同左右侧走、后退走、向前走和跑。

3. 邀请个别小组展示,并提炼协同要点。

教师:他们是怎么走的?(如先判定龙珠朝向哪边,两人同时向该方向走;或前面的龙头朝哪边走,后面的龙尾要紧随其后。还可运用口令以达到协同如"左、右、左、右"等)

4. 教师举"龙珠",幼儿再次集体练习。

5. "金龙"休整。

教师带领幼儿敲敲腿、拍拍手,也可以相互敲敲。

6. 幼儿尝试四人合作舞龙。

教师举"龙珠",带领幼儿练习协同左右侧走、后退走、向前走和跑。

教师:这次我们看看哪一条龙舞得最整齐,龙尾是否紧紧跟上?

7. "金龙"再次休整。

教师带领幼儿敲敲腿、敲敲手,也可以互相敲敲。

8. 鼓励幼儿尝试进行八人合作舞龙。

教师:请你们试一试八人一组的长龙!(提示:舞龙队伍越长,对幼儿的协同要求越高,教师要引导龙身前面的幼儿移动的动作小一点、慢一点,以便与龙尾部分的幼儿步调一致)

9. 教师举"龙珠",变化"龙珠"位置。

带领幼儿练习左右侧走、后退走、向前走和跑。

教师:抢龙珠喽! 这次我们要看一看,哪条长龙舞起来时反应最快、动作最协调!

三、群龙狂 high

1. 教师:刚才我们单组进行了表演,那如果很多组一起进行表演,要做到有序而不乱,应该遵守什么规则呢?

2. 幼儿分组讨论。

四、龙神回庙

1. 游戏结束,教师小结。

教师:我们的舞龙非常精彩! 相信下次我们可以参加真正的舞龙大会!

2. 活动结束,师幼一起整理材料离开场地。

教师:我们的舞龙结束了,按照民间的习俗,我们要将龙身送回庙! 我们一起来吧!

活动建议:

1. 将本活动放在幼儿对民间的舞龙习俗有一定了解的基础上开展。

2. 教师在讲解下一环节玩法和要求时,要提醒幼儿放下金龙稍做放松。

舞龙舞狮活动方案(乡土游戏)

活动背景:

舞龙舞狮是中国民间用于欢庆的一种艺术活动形式,一直流传至今。幼儿园邀请三门县杂技团表演舞狮子引起了孩子们的极大兴趣,孩子们纷纷要求模仿舞狮子。为满足孩子们的需要,让他们亲身体验舞狮子的乐趣,故设计此乡土游戏活动,并引导幼儿感受中华民族民间艺术的多彩与独特风格。

活动目标:

1. 运动目标:增强体质,提高走、跑、爬、平衡、攀爬等身体活动的基本技能和相应的身体素质。

2. 认知目标:帮助幼儿认识乡土游戏的教育价值,在玩中体验乡土游戏文化。

3. 情感目标:在活动中感受舞龙舞狮活动带来的快乐。

活动准备:

1. 场地准备:三门县中心幼儿园零层。教师事先踩点,规划行进路线,安排活动站点。

2. 物资准备:

(1)活动中所需要的材料:板龙、狮子头、木桩、水管、绣球、箩筐。

(2)各班发放"活动通知",让教师和孩子们了解活动的地点、时间、内容、规则和要求。

（3）每名幼儿准备一个水壶、一块汗巾、一个书包（装有小零食及垃圾袋），着运动服装。

（4）奖品：贴纸、玩具。

3. 安全准备：活动前让幼儿对活动中的一些安全注意事项有所了解。

活动过程：

1. 活动时间：早上9:30。

2. 活动地点：三门县中心幼儿园零层。

3. 热身——全体齐跳运动操。

每个班分成2列纵队，在教师的带领下一起跳操热身。

4. 舞龙动作要领与规则：多人合作手持一条板龙，板龙根据舞龙者手里的彩球高低、鼓声节奏快慢而变化。

5. 舞狮动作要领。

（1）教学内容：双柄、单柄、坐头、双飞夹腰、双飞冲拳。

（2）狮子基本表情：环顾前方，瞻望五下；环顾右方，瞻望三下；环顾左方，瞻望三下；跳跃时表现出高兴的表情并向45度角方向抖三下，动作要干脆利落。

（3）基本要求：

双柄要求：狮头把脚收起；狮尾用胸口顶住狮头的臂部并慢慢地放在自己的胯部；狮头要求内八字踩在狮尾的腰部；狮尾要求马步蹲平。

单柄要求：狮头把左脚收起，右脚单立；狮尾举起狮头放在胸口，顶住狮头的臂部；狮头的右脚踩在狮尾的右脚上。

（4）坐头要求：狮头把双脚收起，轻轻地放在狮尾的胸部；狮尾借助狮头跳跃的惯性举起狮头放在自己的头上。

（5）双飞要求：狮头把脚收起，膝盖碰到自己的胸口；狮尾借助狮头跳跃的惯性把狮头举过自己的头顶，狮尾双手必须撑直。

（6）双飞冲拳：首先要做到双飞和坐头的要求；冲拳速度要快，动作要连贯并要求干脆有力。

5. 舞狮游戏规则：

（1）音乐响起由 2 名小朋友共同表演舞狮。

（2）舞动时注意其他小朋友的速度及动作,注意彼此配合。

（3）音乐停开始舞狮"闯关":过木桩——过障碍物——跑圈——绣球抛向目的地。

（4）中途若有小朋友退出可由等待的小朋友替代进去。

（5）口哨声响起,谁抛中的绣球数量多,谁为胜利者。

"龙腾虎跃"活动方案（乡土游戏）

活动背景：

孩子们喜爱舞龙舞狮活动,体验舞龙舞狮子的乐趣,在不断游戏的过程中,他们不再单纯地满足简单的舞龙舞狮技巧,随之萌发更高的要求,比如动作技能上开始出现跳跃、翻滚等,故设计此"龙腾虎跃"乡土游戏活动。该活动建立在舞龙舞狮的基础上,要求教师以更加开放、自由的态度对待孩子,活动中不拘于形式,融入孩子更多的想法。

活动目标：

1. 运动目标:增强体质,提高跳跃、翻滚、跳跃等身体活动的基本技能和相应的身体素质。

2. 认知目标:帮助幼儿认识乡土游戏的教育价值,在玩中体验乡土游戏文化。

3. 情感目标:活动中感受"龙腾虎跃"活动带来的快乐。

活动准备：

1. 场地准备:三门县中心幼儿园零层。教师事先踩点,规划行进路线,安排活动站点。

2. 物资准备:

（1）活动中所需要的材料:板龙、老虎头、木桩、水管、绣球、箩筐。

（2）各班发放"活动通知",让教师和孩子们了解活动的地点、时间、内容、规则和要求。

（3）每名幼儿准备一个水壶、一块汗巾、一个书包（装有小零食及垃圾袋），着运动服装。

3. 安全准备：活动前让幼儿对活动中的一些安全注意事项有所了解。

活动过程：

1. 活动时间：早上9：30

2. 活动地点：三门县中心幼儿园零层。

3. 热身——全体齐跳运动操。

每个班分成2列纵队，在教师的带领下一起跳操热身。

4. 舞龙动作要领与规则：多人合作手持一条板龙，板龙根据舞龙者手里的彩球高低、鼓声快慢变化。

5. 斗虎游戏规则：

（1）音乐响起，小朋友一起表演斗虎。

（2）老虎"闯关"：幼儿自由设置高低障碍物、宽窄不一的独木桥。

（3）中途若有小朋友退出可由等待的小朋友替代进去。

二、主题活动"红旗飘飘"

表5-4　"红旗飘飘"主题内容与进程

阶段	分支侧重目标	阶段侧重目标	集体教学活动	领域	周计划安排
第一阶段	感知"红色文化"	通过探寻"红色文化"，了解发生在我们周边的红军故事	亭旁的故事	谈话	1-1
			大兵和飞机来了	语言	1-2
			包定的故事	语言	1-3
			我眼中的亭旁	美术	2-1
			"红色文化"小人书	作品展	2-2
			苏维埃政权建立	语言	2-3
			东南西北	乡土游戏	2-4

阶段	分支侧重目标	阶段侧重目标	集体教学活动	领域	周计划安排
第二阶段	寻找"红色文化"	通过对"红色文化"的了解，寻找我们身边遗留的红军精神，让幼儿体会到现在的美好生活是来之不易的	谷仓岭事件	语言	1—1
			欣赏歌曲《绣红旗》	音乐	1—2
			"围剿"与反"围剿"	语言	2—1
			学做小红军	体育	2—2
			勇敢的小兵	乡土游戏	3—1
			炸坦克	乡土游戏	3—2
			运粮食	乡土游戏	3—3
			打雪仗	乡土游戏	3—4
第三阶段	重走"红色文化"	引导幼儿更深入地了解"红色文化"，体验红军的艰辛	任家事件	语言	1—1
			鸡毛信	语言	1—2
			打靶归来	音乐	1—3
			制作手枪	手工	1—4
			投壶	乡土游戏	2—1
			地雷爆炸	乡土游戏	2—2
			话剧《赤子》	欣赏	2—3
			骑马打仗	乡土游戏	3—1
			穿越火线（匍匐）	乡土游戏	3—2
主题环境创设	1. 制作"红色文化"展板，鼓励幼儿把主题活动中制作的物品或有关"红色文化"的图片布置在活动室内 2. 收集各种各样有关"红色文化"的物品或图片，布置在活动室一角，如名人事迹等 3. 创设"红色文化"的乡土游戏区				

大兵和飞机来了（语言欣赏）

活动目标：

1. 通过故事欣赏,探寻"红色文化",了解一些简单的当地红军故事。

2. 在游戏中让幼儿了解军人,培养幼儿的爱军意识。

3. 感受团结合作的重要性。

活动准备：

知识准备:故事内容。

材料准备:每人一张折纸飞机的纸张,PPT,空旷的场地,红军帽子,一段表现军队战斗的音乐,作画工具。

活动过程：

一、故事欣赏:大兵和飞机来了

1. 幼儿倾听音乐。

①教师播放音乐并引导:你们要仔细听这个音乐哦,听完之后要告诉我,这个音乐给你什么样的感受? 为什么?

②你在哪里听过这样的音乐?(电视里面)这个音乐告诉我们,当时发生了什么事?

2. 倾听故事:大兵和飞机来了。

①结合PPT,教师讲述故事,幼儿仔细倾听。

②提问:听完这个故事,给你什么样的感受? 如果是你,你会怎么做? 为什么?

③这个故事最触动你的是什么?

二、营救大兵大讨论

1. 集体讨论如何营救大兵。

2. 设计图纸,讨论营救方案。

3. 最佳营救方案评比。

三、游戏:大兵和飞机

1. 通过游戏感受他们的故事情境。

2. 设计场景,制作纸飞机。

四、活动结束

附故事

（一）

1942年4月18日下午6时许,风雨交加,大雾漫天,天气状况极为恶劣,美军7号飞机到达三门湾上空时,燃料几乎耗尽,于是投下两枚照明弹,继而机上有飞行员跳伞跃出。飞机在降低高度时,两台发动机因燃料耗尽而熄火。失去控制的飞机,一头栽进海里,借着最后的惯性,飞机冲到南田区大沙村前的靴脚头沙滩浅海里。

村民许尚标、许尚友、孔宪灯等3人见有飞机坠落,立即前往附近沙岗上查看,随后驻扎在大沙学校的三门县第二自卫大队分队长郑财富等4名士兵也赶到,他们见状即持枪警戒。在夜色朦胧中,看见有1人爬出机舱泅水上岸后又游回试图互救,其余4人在水中挣扎。观察其面貌长相知非敌寇,便主动接近,曾当过远洋轮船员略懂英语的分队长郑财富用英语询问,始知坠降的是盟国美军飞机,即率村民和士兵下海营救。先上岸者为机械师兼机枪手戴维·撒切尔中士,其余4人因受重伤,无法抬出水面,便以绑腿布紧系其身随小船划入海滩拖运上岸,大家一起将受伤的飞行员背到大沙学校里抢救予以包扎伤口。驻小百丈的自卫队员也赶到大沙,试图打捞机身,终因机身过重,仅将机尾拖搁沙滩,并紧急警戒观察海面动静,封锁附近港口,禁止船只进入。保长许尚春闻讯赶到,指挥村民给飞行员送饭,更换衣服,给伤员敷药,并叫来王小富、梅老王、蒋阿和、童大乃等4位甲长共同商量如何营救这5名美国飞行员。当时日军驻石浦,距大沙很近,如不赶在第二天天亮前送走,不仅5名飞行员性命难保,全村人也要遭殃。于是商定,全村4甲每甲派4人抬一个伤员。小百丈有条河港可通往后龙头出海到三门的航道,他们就用门板将4名伤员抬到小百丈坑脚管山屋歇脚后,吃过中饭在红庙前船埠头上船。

当天中午下起雨来,分队长郑财富指定自己的勤务兵万林负责护送,他与士兵陈孝德等人坐上河里船,借来一张"品"(系方言所称的由竹篾编制用于晒稻谷的农具)将5名飞行员盖住,这样既不易暴露目标,又可挡雨。为保证安全，自卫队诸多队员沿河港小路分散前后警戒护送。至后龙头，弄来一条渔船，由许尚标、许尚友等驾船，准备送伤员去三门县治海游镇。因白天海上有伪组织巡逻船，只得绕道将伤员抬至离伪组织较远的高塘岛龙泉镇箬鱼山上岸，暂作躲避。等到天黑，又上船沿山脚行驶，至五屿门洋面时遭遇伪军小船，自卫队员万林、陈孝德等先发制人向小船开枪，撒切尔中士也掏出手枪协同射击，予以击退。他们越过了敌人的海上封锁线，渔船乘风破浪向三门海游进发。

当时，三门县县长陈诚正在临海出席会议，得到报告，获悉一架飞机坠落县境海滩，有多人受伤，并发现飞行员军服上均缝有大幅星条旗的标识，上面印有"来华助战洋人（美国），军民一体救护"中文大字，断定是美军飞机（7号机）出事。情况危急，刻不容缓，可他又一时难以赶回三门，便一方面电联在海游的县镇各级交托安排救援事宜，一方面邀同临海恩泽医院（望天台恩泽医局）陈慎言医生等连夜兼程往回赶。与此同时，县镇有关方面包括县财务委员会主任委员兼商会理事长章正夏、县农会理事长兼副镇长章以鋬（筱卿）、县教育会理事长兼镇长章良桢等迅速商议组织施救，但要有懂英语的翻译人员前往接洽，于是想到了抗战爆发后回乡、协助亭旁籍抗日将领刘膺古创办古华中学的章以铨（系章以鋬同房堂，曾被保送留学英国波士顿工学院，后经伦敦教育会考试得一等证书，到过西欧、日本等地考察，精通英语，后被中央实业部委任为高级工程师，蔡元培聘他为中央研究院研究员，日军炸毁北平中央研究院后返乡）。他们马上通知章以铨，章以铨即随同一队国民兵团武装人员乘船赶赴建坑塘海边迎接。一路上，护送队众人每4人一块门板分4组抬着4名伤员，并不断有边上人换手，疾步而行；章以铨担当翻译，并与大家一起照料伤员。这下，美国飞行员终于听到有一中国人能说一口流利的英语，使他们与救援人员有了顺畅的交流，激动地称这是"世界上最美妙的声音"。至20日中午，众人护送美国飞行员安全抵达三门县海游镇。

县镇政府组织人员热烈欢迎并深切慰问，大家忙碌着将5名飞行员接进海游镇章氏上祠堂（即海游章氏"四年"祠堂，当时县国民党政府驻地，现石羊溪步行街中段），为他们提供被服、送水和食物等，有一户人家干脆把自己新婚的新棉被拿来盖在伤员身上。上祠堂旁刚成立才7个月的三门县卫生院担负起救治伤员的重任，卫生院仅有3名医护人员，即院长兼医生任超民、护士洪游和卫生员周祖森，他们3人全力投入抢救。5名伤员中，仅撒切尔颈部擦伤可以行动，领航员查尔斯·麦克卢尔中尉腿部受伤，投弹手罗伯特·克莱弗中尉眼部受伤，主驾驶特德·劳森中尉腿部和面部均受重伤，副驾驶迪安·达文波特中尉胸部内伤甚重，他痛苦难眠坐到通宵，经妥善医治，伤痛有所缓解，而劳森和达文波特伤势非常严重，特别是劳森一条腿为开放性粉碎性骨折。可海游的医药条件很差，技术力量薄弱，设备简陋，不要说止痛药，连安眠药、阿司匹林都没有，只能简单地用木板和纱布固定包扎与清洗伤口，任超民医生还给劳森注射了仅有的一支葡萄糖。在医护人员包扎伤口时，劳森作了自我介绍，并把其女朋友的照片拿出来给他们看，说等打完仗就回去结婚。当时美国伤员说饿极了，想吃面包，可是海游没有面包，任就即刻唤人到街上买了包子给他们吃。毕竟海游接近日占区，仍有发生意外的担忧。后陈诚县长和陈慎言医生等赶到卫生院，任超民汇报了伤员的情况，两地医生提议赶紧把伤员转移出去。临走时，劳森摘下一枚勋章送给任超民医生以表谢意。

考虑到美军伤员伤势重，加上连日奔波饥饿劳累，体力消耗过大，章以铨急忙叫妻子杀了几只鸡，烧好给他们滋补营养。由于美国人不习惯吃中餐米饭，又回家拿来他从英国带来的西餐具和奶粉、米粉等，供美国伤员就餐用。之后，这些物品被带到临海恩泽医院，直至送走全体伤员后才拿回。在交谈中劳森说起，他在美国看到街头和电影院有中国救援会为抗战募捐，好多次经过时也偶尔捐上一点钱，以为这样做已非常慷慨，而当此时此刻自己得到中国人全力以赴的救助时，才觉得自己那捐助如此微不足道，心里十分过意不去，感动得直想哭。在一旁的章以铨微笑着宽慰劳森：可别这么说，所捐的钱派上了大用场。

县里经联系，决定于21日清晨将美军伤员火速送往60公里外的临海恩泽医院，而其单程就需8小时。临走时，县镇组织了20多名青壮年，章以铨叫来轿子帮助转移，鉴于劳森等受伤严重、动弹不得，众人仍用门板作担架运送，县自卫队一路紧随警戒保护。通往临海的山路崎岖，特别是猫狸岭（人称"猫狸擂"，意为连猫在此爬行都要摔倒；此岭自古以来亦称"下轿岭"，就是过岭只能下轿徒步爬行）通道狭窄陡峭可谓险绝，抬着伤员攀爬愈加艰难。由于美军伤员根本无法下地行走,三门护送队众人肩扛手举,气喘吁吁,挥汗如雨,轮换着将他们安全抬过岭,送达临海恩泽医院。

临海恩泽医院院长陈省几为远近闻名的大夫,他的儿子便是陈慎言医生,系东南学院的高才生。而且恩泽医院是方圆百里内医疗设备和条件最好的医院,但院内药品也不多,陈氏父子竭尽所能为劳森进行了手术。4月24日,从南田檀头山坠落的15号机上脱身的机枪手兼军医托马斯·怀特中尉闻讯赶到临海与当地医生联手抢救。经过精心医治,伤员伤势大都稳定下来,只有劳森的腿伤还在恶化。5月3日,怀特军医在陈慎言医生的帮助下,不得不对劳森实施截肢手术。

劳森等伤员在临海恩泽医院治疗了一个多月,章以铨受时任浙江省第七区监察专员杜伟(章以铨胞弟的亲戚)的挽留,一直待在临海担任翻译工作,并帮着做西餐等,精心照顾伤员。劳森等感激不已,赠送多件随身物品给章以铨留作纪念,其中有美国空军雄鹰图案的领章和胸章、丝织品军用地图及一枚美金硬币等(可惜在"文革"时期,这些收藏于上海市汇浦路104弄家中的纪念品,被当地"造反派"抄走,至今仅留存一枚美金硬币)。此后,杜伟专员还邀章以铨在临海协助中美联合调查组收集了解浙东沿海气象信息,以利美军战机继续对日作战,此历时二年。

5月18日,由于日军逼近临海,加上药品短缺,对伤员的康复极为不利。浙江省政府决定将伤员送往重庆,由陈慎言医生全程陪同。这支小分队一路上得到每一个村镇的热烈欢迎,人们为他们提供了最好的食宿,利用各种交通工具(从担架、轿子到汽车),从仙居经金华到衢州,然后换乘火车过南昌、吉安到达衡阳,再到桂林,这才乘上飞机来到昆明,怀特和4位伤员从昆明经"驼峰航线"转道回到了美国。

(二)

第二架飞机(15号机)坠落在南田区檀头山岛大王宫村稻桶礁附近海面。

1942年4月18日傍晚,檀头山岛大王宫村赵小宝在家忽然听见飞机的声音,走出屋外张望,看见一架飞机飞得很低,从屋顶上掠过,一会儿听见海边传来"嘭"的一声巨响(当时机身就沉没海里,跳伞后的空军5人泅水上岸),村民们以为日军来轰炸了,散了就跑,赵小宝与丈夫麻良水慌忙跟着村里人逃到村后的山里躲起来。在山上待了好几个小时不见动静,大家便陆陆续续下山回家。

赵小宝在经过自家猪圈时,听到乱草堆里有响声,仔细一看觉得里面有人,她吓得叫了一声,连忙躲到丈夫身后。麻良水以为是偷猪贼,飞奔进屋拿来马灯和一把鱼叉。他用鱼叉挑起乱草,发现草堆里面藏着4个金发碧眼的外国人,他们身穿皮衣服,头戴长耳朵帽,浑身上下湿漉漉的。眼前的场景,让这对新婚夫妇惊呆了,等缓过神来与这些外国人说话,发现他们听不懂,用手势比画了好一阵子,才把他们叫进自己的新房。赵小宝翻出几套干净的衣服,让他们换上,生火给他们烤湿衣服。又请来私塾先生俞茂金,可俞先生也听不懂他们的话,于是就画了一面日本国旗,再画一面中国国旗。他们对日本国旗愤怒地挥挥拳头,看到中国国旗就高兴地跟大家握手。然后,他们拿出全是英文的地图,指着美国的位置,比画着说明他们是美国飞行员。

这时,赵小宝做好饭给他们吃,小菜只有虾皮和鸡蛋。飞行员不会用筷子,就用手抓着吃,饭后赵小宝腾出一张竹榻让他们睡。此时,他们又向赵小宝一家人比画着说还有一个伙伴,麻良水等就出去寻找,但没找着。第二天黎明时,叫他们引路去找,走出村口在一块礁石旁找到了。5人一见面便抱在一起,又跳又喊,惊喜异常。后来找到的这位飞行员受了点轻伤,手被划破了有血迹。赵小宝替他包扎好伤口后,大家共进早餐。

饭后,赵小宝丈夫麻良水把飞行员带到甲长俞友桂家,他们拿出地图,指着重庆,浙江的三门、衢州和渔山岛。大家想,渔山岛已被日军占领,不能去;重庆那么远,去不了,就决定送这批飞行员去三门。于是,向邻居借来一条张网船,由麻良水、林阿方等几个人在当天夜里偷偷将他们送到海上。当时驻石浦的日军常来檀头山骚扰,为防意外,他们将5个飞行员护送上岸,藏在大王宫"天打洞"里。果然,日本兵来村搜查,无功而返。

19日傍晚,大家让飞行员穿上已烘干的皮衣服,外罩渔民的衣服,脸上擦些锅灶灰,戴上帽子,装扮成皮肤黝黑的渔民,在村里船埠头上船。由麻良水摇上自家的舢板船,与村民林阿方一起将他们送往南田岛。为避免摇橹时发出声响,麻良水用肥皂不断地涂抹橹与船的接触处。临别时,美国飞行员送给赵小宝两个指南针、一只手表和一支钢笔,全村人对此守口如瓶。

船沿着岛礁岸边悄悄行驶,船上一行人在南田岛文山乡韭菜湾上岸,走到路廊,找到驻扎于此的三门县第二自卫队陈镕(陈利生,现三门县横渡镇人)部队第二分队一个班的班长余火土。麻良水告知情况后,余火土仅将1名飞行员带到分队长郑财富在小百丈的住处,临睡的郑财富知晓是檀头山坠落的美军飞行员,便叫余火土火速赶回韭菜湾将另外4名飞行员也带来。半小时之后,5名飞行员与麻良水、余火土在郑财富家吃饭喝茶,当晚,这些飞行员就在一户村民家堂前铺开的一张"品"上和衣共枕而睡。

第二天吃过中饭,郑财富指定余火土等士兵与麻良水、林阿方一起护送美军飞行员。在石屋嘴头拔渡船过河,走到后龙头找来一只小船,余火土与麻良水等人沿山脚海面行驶。当船驶至五屿门洋面日军封锁线遭遇敌舰,敌军见有小船,一面开炮,一面急追。麻良水驾驶的小船折回至高塘岛龙泉镇箬鱼山,弃船爬上山头,大家躲在一个石洞中避难。敌舰追到箬鱼山,日军上岛沿山麓搜索,因天黑山洞位置隐蔽,才免于难。

4月21日,又借用海游章正薇等的"六市船"(此船为三门当时最大的一艘人货两用商贸船,往返于石浦至海游,船上配备有"猪娘炮"1门、快枪8支,用于防御海盗土匪)。日军溃退前,他们唯恐被强征去用于撤退,船主和股东断然将六市船凿穿沉入黄埠突海底,在自卫队的掩护下,利用日军巡逻的间隙,终于安全越过五屿门洋面而乘风驶至健跳,于22日下午4时抵达海游善吞道头,陈诚县长等县镇军政要员提前赶往迎接。5位美国空军人员中,除机枪手兼军医托马斯·怀特中尉手部轻伤外,其余主驾驶唐纳德·史密斯中尉、副驾驶格里芬·威廉姆斯中尉、领航员兼投弹手霍华德·塞斯勒中尉、机械师爱德华·塞勒中士等4人均无恙,且体格健壮,精神饱满。

三门县各界在送走美军7号机组飞行员后,又得知15号机组飞行员脱险前来海游,备加庆幸,振奋不已。驻扎在"天妃宫"(现三门医院地段)的国民兵团(县国民自卫队)前往海游码头迎接护卫;民众、学生在海游老街簇拥欢迎。当时,县镇组织赶制内衣分赠美军飞行员,并从优安排食宿,热情接待;政府及商会、农会、教育会等还发动民众为他们提供日常用品,帮着烧饭洗涮等,尽最大可能勠力帮助。自卫队班长余火土将5名飞行员带到了海城后,受到了县长陈诚的宴请。

4月23日上午，海游镇章氏上祠堂人头攒动，热闹非凡，天井周边挂着用英文书写的"再会吧！美国飞行员"等条幅标语，三门县召集县镇机关、司法部门、兵团、社会团体和学校等各界人士一千多人在这里隆重举行欢送大会，将这些被誉为"飞将军"的美国飞行员请上悬挂着"忠孝、仁爱、信义、和平"匾额的"中山台"，向他们敬献写有"正义的朋友"英文字样的锦旗，县长陈诚做了热情洋溢的讲话，美国飞行员分别致辞答谢，充分表达中美两国人民的友情，最后合影留念。

与此同时，会场外已是人声鼎沸，从海游章氏上祠堂至太尉庙、双井头、牌坊前（现花坛附近）直到菖蒲岭，约二公里路道两边早已站满了送行的人群，依次为机关团体人员、百姓和中小学生两千余人。可过去了两个小时，还不见美国客人从眼前经过，耐不住性子的人们急切地议论着怎么还没过来。

上午10时左右，欢送大会结束。在县镇军政要员的陪同和国民兵团的护送下，15号机组人员5人除1人被抬着外，其余4人均徒步启程。眼看着美国飞行员缓步走来，列队夹道欢送的各界民众热情高涨，争相招手表达敬意，中小学生敲锣打鼓，高呼口号，竞相献赠鲜花、抛撒彩纸。这天天气晴好，艳阳高照，沉浸其中的人们挤在人群里满头大汗。美国飞行员被这火热的场景感染，深情依依，使劲挥动着双手频频示意。他们走过菖蒲岭离开海游，经高枧翻越猫狸岭往大田去临海。此时，临海县那边也正在组织迎候。

15号机组人员到临海与劳森7号机组会合，大家在恩泽医院重逢，激动万分，握手相拥，在护送人员面前一再感谢三门军民的全力救助和热情送行，使他们及早脱离险境。此后，除劳森接受截肢术后需继续疗养外，其余人员取道仙居经金华前往衢州。

自从美国飞机在三门县境坠落后，日本军舰随即接获消息，昼夜在南田四周海域搜索，企图打捞坠落在大沙海滩的机身。而赶在此前，自卫队已拆运7号机上的部分零件，其中有汽油散热器、滑油散热器各2件，重机枪弹20发，硫磺弹1枚，无线电分电盘1个。后又有我方空军机械人员前往检视，因机身已毁且残留部分过于笨重而无法拆运只好作罢；自卫队将已拆下的这些零件，交由机械人员带走。另一架15号机，已坠沉于檀头山海底，无踪迹可寻。

当时，三门县军民救护美国空军的人员和经过，经国民政府航空委员会呈报,国民政府军事委员会委员长蒋介石给予嘉奖并发奖金5200元。此后美国驻中印缅派遣军总司令史迪威将军代表美国表示感谢,在来函中列出出力救助人员名单并通过当地政府接转表明谢意。

包定的故事(社会活动)

活动目标:

1. 让幼儿知道包定叔叔是一位不畏艰难、勇敢向上的英雄。

2. 激发幼儿认真学本领,向包定叔叔学习不怕困难的精神。

活动准备:

活动前向幼儿介绍有关包定的事迹。

活动过程:

1. 出示包定的图片,提问:这是谁? 你们认识他吗?

2. 幼儿互相谈谈自己对包定的认识。

3. 引导幼儿观察图片,引发幼儿讨论,使幼儿对包定有一个整体认识。

4. 结合图片向幼儿介绍包定的生平。

(1)包定临危受命的故事。

(2)包定不怕困难、不畏强敌的故事。

5. 组织讨论。

向包定叔叔学习什么?(教育幼儿学习包定叔叔不怕困难、努力进取的精神)

我眼中的亭旁(美术)

活动目标:

1. 实地参观亭旁老街的主要建筑、景物,感受其人文气息,通过绘画表现亭旁老街的人文气息及周边环境。

2. 根据亭旁的建筑结构和景物位置,学习合理布置画面。

3. 通过自己的画笔表达对亭旁文化的喜爱、崇敬之情。

活动准备：

物质准备：水彩笔、蜡笔、绘画纸（幼儿每人一份）。

经验准备：活动前组织幼儿去亭旁老街实地参观，引导幼儿观察亭旁老街的楼房、周围景物等。

活动过程：

一、导入活动，引起幼儿学习的兴趣

教师：小朋友，你们还记得我们上次参观的亭旁老街吗？亭旁老街给你留下了什么样的感受？你们想不想把这么美的地方画下来？今天我们就来画"我眼中的亭旁"。

二、引导幼儿回忆观察过的亭旁老街的布局

教师：你们在亭旁老街看到了什么？他们的房子是什么样子的？门窗在哪里，是什么形状的？还有些什么东西，这些东西放在什么地方？树和花长在什么地方？它们是什么形状、什么颜色？人们又在干什么？

三、交代要求，幼儿作画，教师巡回指导

教师提醒幼儿先仔细想好，然后再动笔。引导幼儿将主要内容放大并展示在显眼的位置。

四、评价作品，结束活动

教师组织幼儿互相欣赏作品，找一找哪张画上的房子画得最平稳，哪张画上画的东西最好看。

小结：亭旁老街真美，今天大家把它画下来了，我们要爱护那里的设施，传承红色文化，感受军人的坚强意志。

红色文化小人书活动方案

活动目标：

1. 培养幼儿对红色文化的兴趣，感知红军战士团结、向上、坚忍的精神。

2. 丰富幼儿的艺术生活，通过小人书绘画展提高幼儿鉴赏美、创造美的能力，使幼儿园红色气氛不断增强。

活动组织者：任老师、吴老师

展览时间:5月2日—6月1日

展览地点:一楼

活动准备:大型KT板15块,玻璃胶,大班组的红色小人书绘画作品。

作品要求:

1. 绘画内容围绕红色文化故事、乡土游戏等展开,可以由老师或家长指导,但不得有老师或家长的痕迹。

2. 参展作品形式多样化:蜡笔画、国画、水彩画、拼贴画(利用废旧材料拼贴均可,如鸡蛋壳、瓜子壳、豆类、大米等),以小人书的形式呈现。

3. 可以根据作品的题材选择不同材质、颜色的纸张。如:拼贴画可以选择有颜色的画纸等,但纸张大小不得小于A3/8K。

4. 每班作品不得少于15份,需要在参展作品背面注明作者的姓名、班级。

活动过程:

1. 请各班老师将参展作品于4月25日前交到年级组长处。

2. 4月25日至4月30日,活动相关的老师负责布置展示作品和展览场地。

3. 作品将在六一儿童节前期在幼儿园大门口展示,欢迎各班老师、幼儿和家长参观。

评奖办法:

每班邀请两位家长代表参与红色小人书优秀绘画作品的评选工作,届时将评出大班组"天才小画家"若干名,幼儿园会颁发证书以作鼓励。

其他:

1. 请各班老师提醒幼儿在参观的过程中要文明观看,不得随意乱涂乱撕,损坏作品。

2. 各班老师可以在信息栏里张贴有关"红色文化小人书绘画展"的通知信息,并取得家长的配合。

东南西北(乡土游戏)

活动目标:

1. 能说出这个乡土游戏的名称。

2. 愿意参加游戏,情绪愉快。

3. 初步了解游戏规则,能与同伴合作完成游戏。

游戏准备:

"东南西北"若干个。

折法:取一张正方形纸,四个角向中心点折,翻个面,再将四个角向中心点折,对折成长方形,左右手的大拇指和食指插入四个角即可开玩。

游戏规则:

由一个人操作"东南西北"这个折纸,游戏者说出方向及开合的次数,如:"东横开五下",然后游戏者根据内容做相应的动作。

绣红旗(音乐欣赏)

活动目标:

1. 让幼儿感受歌曲的旋律和情绪特点,能安静地听完整首歌曲,感受其中的情境。

2. 在欣赏的过程中,了解歌词的含义。

3. 培养幼儿对音乐的兴趣,陶冶幼儿情操,感受红军的情怀。

活动准备:红旗,音乐,PPT

活动过程:

一、观看视频引出音乐《绣红旗》

1. 教师:你们知道这是什么吗?(出示红旗)

2. 教师:有一个人,她叫江姐,她给我们讲一个故事,今天我们要欣赏一段与她有关的音乐。

二、欣赏音乐《绣红旗》

1. 幼儿听第一部分音乐,思考:他们在做什么? 为什么要这样做呢?

2. 思考:江姐她们用什么绣红旗,为什么要绣红旗,里面的歌词都唱了什么?

3. 分享:听到这样的歌曲,你有什么样的感受?

三、学习绣红旗的一些简单动作

四、完整听一遍

请幼儿闭上眼睛想象,完整地倾听一遍歌曲。

五、活动结束

学做小红军(体育)

活动目标:

1. 协助幼儿在游戏中学会匍匐前进的动作,从而得到锻炼。

2. 在游戏中,培养幼儿直面困难,不轻易言败的精神。

活动准备:

准备材料:垫子2张,椅子4把,绳子2根。

场地布置:将两把椅子分别放在一张垫子的两边,用一根绳子的两头分别绑在椅子的靠背上。

活动过程:

一、新教游戏

1. 设置游戏情境,激发兴趣。

"今天,请小朋友们来当一名小红军战士,挑战一项任务。我们一起来看看是什么任务?"

2. 幼儿自由活动。

"你们看,在你们面前有一根绳子,我们要想个办法从绳子底下过去,你们来动动脑筋,想想怎么过去?"

3. 幼儿自由尝试。

4. 教师小结并示范,讲解匍匐前进的动作要领。

"刚才你们想了各种办法从绳子底下过去。老师发现有很多小朋友都用了同一种办法,看看老师也用这个办法来试一下。"

5. 幼儿分散练习动作,教师适时鼓励指导。

6. 根据幼儿完成的程度,可适当降低绳子的高度,以此激起幼儿继续挑战的兴趣。

7. 根据幼儿掌握动作的熟练程度,可开展竞赛性的游戏,调动幼儿的积极性。

二、复习游戏

三、挑战游戏

幼儿经多次练习,动作掌握比较熟练之后,需要增加难度,即逐渐降低绳子的高度,同时开展竞赛性的游戏,将活动推向高潮。此游戏可分几个小活动进行。

勇敢的小兵(乡土游戏)

活动目标:

1. 引导幼儿探索学习"匍匐前进"动作,提高幼儿身体上下肢协调配合及控制能力。

2. 增强幼儿的团队合作意识,学会分工合作、互相帮助、互相谦让。

活动准备:

场地准备:户外活动场地(200平方米以上)设置"电网""指挥部"等游戏情境。

教具准备:羽毛球网6张、体操垫12张、自制敌营2个(足球网)、手榴弹30个、《闪电部队在前进》《鼓声》《小机器人》等音乐。

经验准备:幼儿观看电影《闪闪的红星》、视频"国庆阅兵庆典",激发幼儿对解放军的热爱和崇敬之情,了解"电网""手榴弹""总部"等相关知识。

活动过程:

一、热身运动

1. 教师用语言导入活动:现在我们来玩小兵游戏,小兵要跟着大兵学本领了,用你们的眼睛和动作告诉我,你们准备好了吗?

2. 随音乐做运动。

慢跑—小步快速跑—慢跑—高抬腿—慢跑—高抬腿跑。

(1)上肢运动(站立):8次。

(2)下肢运动(站立):8次。

(3)匍匐上肢运动(原地趴地):8次。

(4)匍匐下肢运动(原地趴地):8次。

(5)匍匐前进运动(移动趴地):8次。

二、分组体验过"电网"(匍匐前进)的方法(时间:12分钟)

1. 幼儿分组探索练习过"电网"(时间:4分钟)。

(1)提出问题:大家知道解放军是怎样过电网的吗?

(2)交代任务:用解放军的动作过"电网",并强调过"电网"的时候,其他的"小兵"要观察,看谁最像解放军。

(3)幼儿自由探索过"电网"的方法,引导幼儿观察。

2. 交流与提炼(时间:2分钟)。

(1)请各组推选一名完成得比较好的幼儿进行示范。

(2)介绍动作的名称及意义。

(3)交代下一步任务:用标准的匍匐前进动作过"电网"。

(4)引导幼儿说说:如何帮助动作不标准的小朋友。

3. 第二次探索。

幼儿自由探索用正确的匍匐前进动作过"电网",并调动每个孩子的积极性,让每个孩子有主动帮助他掌握正确动作的意识。

4. 第二次回顾。

(1)请第1组进步最大的小朋友示范,并让其他幼儿说说应该如何帮助他人进步。

(2)请第2组和第3组中匍匐前进动作既标准又快速的幼儿示范。

(3)教师示范:教师假装根据孩子的提示做示范动作,实际上是给孩子做更加正确的示范动作。

三、匍匐前进竞赛游戏

1. 游戏:看谁速度快。

(1)讲解游戏玩法和规则。

游戏玩法:听到老师口令后,每一组第一个小兵,匍匐前进过"电网",完成后,迅速返回,拍第二个小兵的手,第二个小兵重复第一个小兵的动作,后面的依次完成,直到最后一个小兵完成为止,先完成的队胜利。

游戏规则:过"电网"时,不能碰"电网"。

(2)进入游戏(教师注意观察幼儿完成情况)。

(3)小结游戏:刚才每组"小兵"都很想获胜,最遵守规则的组是XX组,有的小组虽然速度很快但是有的"小兵"忘了规则。接下来的比赛,我们不比速度,只比动作。

2. 调节"电网"高度,幼儿自由选择,挑战不同难度。

(1)增加难度,讲解挑战方法和规则,小朋友自由选择队伍。

(2)幼儿自由练习过"电网",引导其他幼儿观察。

3. 游戏:勇敢的小兵。

(1)将幼儿分成两组,引导幼儿进行情景游戏"勇敢的小兵"。

游戏玩法:听到口哨声后,第一个小兵匍匐前进过"电网",取一个"手榴弹",将"手榴弹"投进敌人指挥部,迅速返回,拍第二个小兵的手;第二个小兵重复第一个小兵的动作,后面的小兵依次完成,直到最后一个小兵完成为止。

游戏规则:不能碰到"电网",每个小兵只有一次投"手榴弹"的机会,不管有没有投进去,都要迅速返回。

游戏胜负评判:比速度和匍匐前进的姿势。

(2)进入游戏(教师注意观察幼儿完成情况)。

(3)小结游戏(表扬进步比较大的孩子,鼓励其他孩子)。

四、放松、整理活动

1. 幼儿在音乐背景中放松,玩游戏"小机器人"。

双手臂上举,右臂慢慢掉下来→左臂掉下来→双肩掉下来→头掉下来→腰掉下来→屁股掉下来→膝盖掉下来→全身散架。

2. 坐在地上,伙伴之间互相捶背、捶腿、捏肩膀等。

3. 组织幼儿收拾器械,活动结束。

炸坦克(乡土游戏)

活动目标:

1. 发展幼儿的投掷能力。

2. 培养幼儿机智、勇敢、遵守纪律的品质。

活动准备:

1. 听过解放军打仗的故事或看过军事表演。

2. 废旧的球放袜子里作为"手榴弹";椅子背面贴用旧报纸制作的"石头"作为碉堡;迷彩布做成"坦克"(四辆);长橡皮筋一根。

活动过程:

一、扮演角色,活动身体

1. 教师:"今天我们一起来玩学习解放军的游戏。老师做指挥员,你们来当解放军战士。解放军战士要一切行动听指挥。老师喊口令,你们进行队列练习。"

2. 教师提示:解放军叔叔有哪些本领。根据幼儿的回答,师生一起模仿解放军叔叔:打枪——上肢运动;拼刺刀——下蹲运动;开炮——体转运动;骑马——全身运动。教师引导幼儿边做动作,边发出象声词,以激发幼儿的兴趣。

二、探索学习,集体练习

1. 教师:"现在我们要练习扔'手榴弹'的本领,学会以后就可以去炸毁敌人的坦克、大炮、碉堡、军火库等。"教师把幼儿分成红蓝两队,各自站在红线和蓝线上,用力向前投掷"手榴弹"(球袜做的)并力争投过前方的橡皮筋。

2. 教师在观察幼儿探索学习的基础上,请1～2名幼儿进行示范。教师说明动作要领:一只手臂弯曲,两腿分开,把手中的"手榴弹"用力投过"封锁线"。

3. 教师随机指导,指导可运用集中、分散和个别指导的形式来纠正幼儿的动作,调动幼儿学习的积极性。

三、变换角度,难度练习

1. 教师:"全体紧急集合,马上执行'司令部'的命令,进行军事演习。红队做'坦克兵',蓝队投弹炸'坦克'。现在两队实战开始,看是'坦克'先攻克

'阵地',还是'手榴弹'将'坦克'全炸毁。"

幼儿各自进入角色,红队两人一组钻进"坦克"做"坦克兵",向蓝队滚动前进;蓝队躲入"战壕"(小椅子后)做"投弹手",待"坦克"驶近,开始向他们投弹。

2. 教师吹哨子,双方进行实战演习。

3. 红队、蓝队交换角色再次演习。每次演习结束,幼儿要为胜利一方鼓掌祝贺,并设计自己队的进攻方案。教师亦可参与某一队的活动。

四、结束游戏,放松身体。

教师吹哨子,全体幼儿集合,大家一起讲评,表扬在游戏中表现机智、勇敢克服困难、坚持到底的幼儿。大家听着音乐,跳一个"快乐的小青蛙"。

打雪仗(乡土游戏)

活动目标:

1. 练习正确的单手投掷姿势,并能灵活地躲闪。

2. 体验共同活动的快乐情绪。

活动准备:

各种颜色的废纸揉捏成的纸球,划分场地(间隔5米),遮挡用的道具2个。

游戏规则:

幼儿手拿箩筐,筐中装满各种纸球,分成两队分别躲在各自的营地里,趁对方不注意,向对方的营地投掷纸球(炸弹),两队纸球投完则游戏结束。各自清点本队营地里的纸球个数,营地纸球多者为输,营地纸球少者为胜。

打靶归来(音乐)

活动目标:

1. 学唱这首歌曲,感受军人歌唱的气势。

2. 了解歌曲的内容及风格特点。

活动准备:

玩具冲锋枪1把,红军服1套,音乐。

活动过程：

一、谁会打枪

1. 教师导入：（出示玩具枪）知道这是什么吗？有谁知道这是怎么玩的吗？

2. 教师：在部队里，军人们出去练习打枪回到营地，他们都会唱一首歌，知道是什么歌吗？今天我们一起来学唱这首歌。

二、学唱歌曲

1. 学唱歌曲，教师有节奏地教幼儿记歌词，了解歌词的含义。

2. 教师：这首歌曲是军人唱的，所以你们在唱、念歌词的时候，应该是怎样一种状态呢？（声音响亮，气势足）

3. 教师：现在你们会念歌词了，我们要加上旋律，一起把它唱出来。（幼儿跟着音乐歌唱）

4. 配上音乐，幼儿跟着学唱歌曲，提示幼儿要唱出军人的气势。

三、游戏：打靶的小战士

1. 教师：今天，我准备了一套红军的服装，谁愿意来感受一下红军打靶归来的样子？

2. 请个别幼儿上来边唱边表演，其余幼儿跟着唱。

3. 可以多请几位幼儿来体验。

四、游戏结束

将道具放于表演区，以备幼儿区域活动中可以用到。

手枪（手工）

活动目标：

1. 能按要求剪、折，制作小手枪。

2. 发展幼儿的动手能力，体验自制玩具的乐趣。

活动准备：纸张、剪刀、糨糊、一次性筷子。

活动过程：

一、好玩的手枪

1. 教师：小朋友们喜欢玩什么玩具呢？老师今天也做了一个玩具，小朋友看这是什么?(拿枪做射击状)你们喜欢玩手枪吗? 这个手枪真好看,你们想不想玩一下? 拿手枪的样子真酷呀!

2. 教师:老师的手枪是怎么做出来的呢?

幼儿自由讨论并说一说。

二、制作小手枪

1. 出示活动材料,引导幼儿观察并讨论制作过程。

2. 小朋友看老师制作。

①紧紧地缠在笔杆上并粘贴住。

②沿线折叠后再对折(其中一张折两折)。将制作好的部分挂在枪管上,再横套在它们上面,环绕后用手捏住。

③在制作的时候每一步都要慢一点,特别是在折的时候,一定要折结实,这样做出的手枪才好看。

三、幼儿制作

1. 教师:你们看,老师做好了纸手枪,现在你们想不想有一个属于自己的手枪呢?

2. 给幼儿分发材料。幼儿制作,教师巡回指导。提醒幼儿要剪光滑,正确使用剪刀。特别是折的时候,一定要折结实,不然做出的手枪会不好看。

3. 小朋友们在制作的时候也可以看看老师示范。

4. 请动手能力强的幼儿帮助能力弱的幼儿。

四、玩手枪

请幼儿玩一玩自己制作的手枪,进一步体验制作玩具的乐趣。

五、结束活动

1. 小结幼儿制作情况,引导幼儿相互欣赏作品。

2. 表扬做得好的幼儿。

投壶(乡土游戏)

活动目标:

1. 喜欢锻炼身体并感受投壶的乐趣。

2. 具有一定的坚韧品质,能自我排遣挫折和失败。

游戏规则:

将代表4类垃圾的纸团或球类分别投入四色垃圾桶中,以投入准确的数量多少来判胜负。

地雷爆炸(乡土游戏)

活动目标:

1. 锻炼幼儿四散跑的能力及合作意识。

2. 培养幼儿在户外游戏中能够及时避开障碍物保护自己的能力。

游戏规则:

游戏前幼儿通过猜拳决出一个追逐者,其余幼儿为逃跑者。游戏开始时,集体念唱儿歌,念到最后一个词时逃跑者立即散开奔跑,追逐者去追赶。当一个人被捉住时,可以立即蹲下,大声喊"地雷",追逐者就必须停止追逐下个目标。而"地雷"只能蹲下等待他人来拍一下他并大喊"爆炸",他才能被解救,继续做逃跑者。

骑马打仗(乡土游戏)

活动目标:

1. 发展幼儿的平衡、躲闪能力,提高动作的协调性和灵敏性。

2. 培养幼儿克服困难的精神以及与同伴合作的意识和能力。

游戏规则:

1. 一个人背着一个人,对战;

2. 一个人当马,一个人当骑士,两个人组合成一个"战队";

3. 骑士掉下"马"就算输,另一方获胜。

穿越火线(乡土游戏)

活动目标:

1. 培养幼儿的细心观察能力、四肢平衡能力。

2. 喜欢集体活动,积极参与。

3. 感受红军战士团结、积极向上的精神。

活动准备:

桌子6张,长橡皮筋3条,红色雪花片,小凳子。

活动玩法:

将所有的桌子四脚朝上,橡皮筋在所有桌子的脚上高低、错落有致地拉开,小凳子随机摆放在火线内当地雷区,并在拉出的每条橡皮筋上夹上雪花片,幼儿从外面慢慢进入火线内,不触碰火线,避开地雷区,在听到炸弹爆炸的倒计时时,马上进入安全区,避开炸弹才算成功,安全区就在每一张桌子内。

游戏规则:

幼儿进入火线区内的时候,身体的任何一部分触碰火线,雪花片摇晃和掉落就被视为受伤,退出火线区,在进入安全区之前也要避免身体碰到火线,炸弹爆炸还没有进入安全区的就被认为受伤并退出火线区。危险过去后,幼儿继续,教师可以适时改变桌子的摆放和橡皮筋的位置,以增加难度。

三、主题活动"神秘的祭冬"

表5-5 "神秘的祭冬"主题内容和进程

阶段	分支侧重目标	阶段侧重目标	集体教学活动	领域	周计划安排
第一阶段	"祭冬"知多少	初步感知祭冬文化,对祭冬文化产生兴趣	1. 祭冬的由来	谈话	1-1
			2. 有趣的"家礼"	语言	1-2
			3. "祭冬"知识问答	综合	2-1

续表

阶段	分支侧重目标	阶段侧重目标	集体教学活动	领域	周计划安排
第一阶段	"祭冬"知多少	初步感知祭冬文化，对祭冬文化产生兴趣	4. 绘门神	美术	2-2
			5. 抬花轿	乡土游戏	2-3
			6. 我是小小篾匠	乡土游戏	2-4
第二阶段	有趣的"祭冬"	在体验祭冬的一些乡土游戏中，感知祭冬游戏的有趣，引导幼儿愿意去观察发现周边事物	1. 迎龙取水	语言	1-1
			2. 欣赏《金蛇狂舞》	音乐	1-2
			3. 板龙的故事	语言	2-2
			4. 手做板龙	手工	3-1
			5. 板龙展	作品展	3-2
			6. 舞龙	乡土游戏	3-3
			7. 小小摔跤手	乡土游戏	3-4
第三阶段	"祭冬宣传员"	引导幼儿学做小小宣传员，把祭冬习俗推广出去	1. 小小讲解员	谈话	1-1
			2. 打糖咯	乡土游戏	1-2
			3. 接龙珠	乡土游戏	1-3
			4. 射飞镖	乡土游戏	2-1
			5. 狮岭火龙	手工	2-2
			6. 观看祭冬视频	欣赏	2-3
			7. 骑马打仗	乡土游戏	3-1
			8. "祭冬"一条街	美食节	3-2
主题环境创设	1. 制作"祭冬文化"展板，鼓励幼儿把主题活动中制作的物品或有关"祭冬文化"的图片布置在活动室内 2. 收集各种各样有关"祭冬文化"的物品或图片，布置在活动室一角，如民俗故事图谱等 3. 创设"祭冬文化"的乡土游戏区				

有趣的家礼(语言)

活动目标：

1. 简单地知道"家礼"的意义。

2. 通过对传统文化的学习,感受传统文化的内涵。

活动准备：

物质准备：PPT。

经验准备：事先了解过"家礼"。

活动过程：

一、你眼中的家礼

1. 教师：你们知道家礼吗？什么是家礼呢？(家里的礼仪)

2. 分享自己家庭的礼仪文化。

二、古代的家礼

1. 教师：很久以前有一个人,他叫朱熹,写了一本书叫《家礼》。想知道他的家礼是什么意思吗？(大夫之家的礼仪)出示PPT图片,简单介绍《家礼》。

2. 请家长讲解,帮助幼儿了解。

三、各自家庭的"家礼"

1. 你们家的"家礼"是什么样的呢？

2. 请幼儿来说说自己家里的"家礼"。

3. 讨论：为什么大家的"家礼"都有点不一样呢？

4. 小结。

四、学学"家礼"

1. 这么有趣的"家礼",有没有谁想学一学呢？

2. 请幼儿出来,一个人来做,另一个人模仿。

3. 数次游戏,加深幼儿对"家礼"的了解。

4. 活动结束。

绘门神（美术）

活动目标：

1. 了解我国传统门神的相关知识,如起源、用途、内容等。

2. 激发幼儿对优秀传统民俗文化的兴趣,有进一步了解的欲望。

活动准备：

关于门神的PPT,作画工具。

活动过程：

一、了解传统门神的相关知识

1. 出示PPT,教师提问门神的来源。

2. 有哪些门神?(武门神和文门神)

3. 什么时候会贴门神?(过年的时候贴门神)贴门神的意义是什么?

二、幼儿创作——画门神

1. 教师出示一些传统的门神图片,讲解门神的一些主要特点。

2. 请幼儿来说说,如果你来画门神,你会怎么画,为什么?

3. 幼儿开始着手绘画门神,教师观察、指导幼儿作画。

三、幼儿介绍作品——我的门神

1. 请已经绘画好的幼儿介绍:讲述自己画的门神、为什么这样画、想将你的门神贴在哪里? 为什么?

2. 在所有幼儿的作品上都写上幼儿所说的话语。

四、作品展览

1. 将幼儿的作品在展示台上展现出来,请幼儿向家长阐述自己的创作理念。

2. 活动结束。

抬花轿(乡土游戏)

活动目标:

1. 幼儿能够动作灵活协调地合作抬轿子,练习平地快走,锻炼走路时身体平衡等技能。

2. 训练幼儿合作意识,培养幼儿的合作能力,让幼儿体验游戏带来的快乐。

游戏规则:

三人一组,两人抬轿一人坐轿。抬轿的两人各自把左手掌握在右手腕上,然后把右手握在对方左手腕上,形成"井"字形。坐轿者双脚各插进抬轿者双手形成的环圈中,坐在手掌形成的"井"字上。玩时各组侧向奔跑,快者为胜。坐轿、抬轿者轮换担任。

我是小小篾匠(乡土游戏)

游戏目标:

1. 通过游戏活动,锻炼幼儿手部的灵活度,以及与身体的配合度。

2. 培养幼儿对传统文化的传承意识与喜爱之情。

游戏准备:

粗细一样、有一定硬度的绳子若干条。

游戏规则:

两两一组,将绳子放在地上进行编制活动,在一定时间内编制好所给的所有绳子,两个人同时站在编好的布垫上,边跳动身体边移动布垫,最快到达终点者为胜。

金蛇狂舞(音乐欣赏)

活动目标:

1. 感受乐曲热闹欢快的特点,喜欢中国民乐。

2. 分别用身体动作和声音长短,尝试表现乐曲 A 段和 B 段。

3. 初步理解乐曲中的"对话"结构,感知 A+B+A 的结构。

活动准备:

1. 知识经验:教师了解民乐《金蛇狂舞》的背景等相关知识,幼儿已玩过"对歌"游戏。

2. 材料准备:乐曲《金蛇狂舞》、电脑、录音机、故事书《双龙戏水》、图谱、自制龙舟、龙的头饰、红绸、锣、鼓等。

3. 环境准备:区角张贴划龙船、舞狮子、舞龙、放鞭炮等喜庆活动的图片;布置河道的场景,有起点和终点、水草等。

活动过程:

1. 完整欣赏乐曲,充分表达感受。

①幼儿随民乐《喜洋洋》舞动入场。

②请幼儿安静地欣赏民乐《金蛇狂舞》,思考自己的感受。

③请幼儿表达自己的感受,并随音乐表现。

2. 欣赏故事,感知乐曲 A+B+A 结构。

①教师边操作图谱边讲故事《双龙戏水》。

②故事里有谁? 发生了一件什么事情?

③再次欣赏乐曲,感知乐曲的结构:这个音乐有几段,它们一样吗?

3. 分段倾听,理解乐曲中的对话。

①请幼儿重点欣赏 B 段。

②请幼儿分组模仿对话表演。

4. 玩游戏,感受乐曲的欢腾、热烈。

①教师和幼儿一起扮演龙,随音乐游戏。

②请幼儿自己尝试游戏。

5. 了解乐曲的相关知识。

教师：你们喜欢这首乐曲吗？它是我国伟大音乐家聂耳创作的一首民族乐曲。外国人也很喜欢，听过以后总会竖起大拇指，夸奖我们中国的民乐真棒。这首好听的乐曲名字叫《金蛇狂舞》。除了在端午节的时候人们会演奏它，在其他节日也会演奏，比如说祭冬的时候。

活动延伸：

1. 将乐曲中的"对话"创编成儿歌，让幼儿合作朗诵。

2. 请幼儿随乐曲玩舞龙灯或舞狮的游戏，充分感受乐曲的民族韵味。

3. 观看舞龙舞狮的短片，了解《金蛇狂舞》的真实含义。

舞龙（乡土游戏）

活动目标：

1. 学习舞龙的技巧与方法，练习听信号交替走、跑，提高动作的协调性和灵活性。

2. 能够与同伴合作，根据信号球的方向变化创编简单的舞龙动作。

3. 体验传统舞龙游戏的乐趣，感受与同伴合作舞龙的快乐。

游戏准备：

各种纸盒、纸箱、纸盘、纱巾、皱纸、旧挂历、彩带、毛线等废旧材料，以及剪刀、双面胶等美工工具。

游戏玩法：

舞动跑。游戏中选一名幼儿当"龙头"，一名幼儿当"龙尾"，其余幼儿接在"龙头"后面做"龙身"，随着音乐，"龙头"带着"龙身"和"龙尾"左右摇摆、盘旋。注意"龙身"不要脱节。

投圈。把龙身倒过来，木棍朝上，可以用来投圈，发展幼儿的投掷、平衡能力，提高幼儿的逻辑思维能力。

跳着玩。将龙身套在身上，用手撑着双脚跳着玩儿，可以锻炼幼儿的跳跃能力。

钻着玩。龙身可以拆开当山洞钻着玩儿，锻炼幼儿四肢的灵活性。

小小摔跤手（乡土游戏）

游戏目标：

1. 初步掌握摔跤的基本方法。

2. 训练幼儿动作灵敏度和手脚协调的能力。

3. 感受祭冬文化节上欢乐的场景。

游戏准备：

软垫子、彩带、平衡木、路障、轮胎、花环若干。

游戏规则：

幼儿4人为一组，每组请一位老师当裁判，以三局两胜的形式轮赛，最后2名获胜的幼儿再比赛，决出第一名，并获得裁判赠予的勇士头冠。

升级游戏：大闯关

游戏方法：

把获胜的勇士请出来，每个人站在垫子上，其余的幼儿分成4组，从起点开始，第一关双手扶住路障转一圈，第二关举起轮胎两下，第三关走过平衡木，第四关跟勇士决斗，胜利者到达目的地后，教师奖励其胜利的花环。

升级后的游戏规则：

1. 闯关者被勇士摔倒或推出垫子后，从左边回来。

2. 勇士可以推、摔闯关者，闯关者不可以用手打防守人。

接龙珠（乡土游戏）

活动目标：

1. 引导幼儿灵活调动身体的各个部位，完成游戏。

2. 感受和同伴一起完成挑战后的团队精神和胜利的喜悦。

游戏规则：

"接龙珠"是一个有趣的民间游戏，它的玩法是数名幼儿手持一截剖开的水管排成一列，接一只篮子里的"龙珠"（乒乓球、玻璃珠、报纸球等），运送到另一只篮里,培养幼儿的主体性和独立自主的能力。

祭冬文化美食节活动方案

活动目标:

1. 通过活动引导幼儿了解三门亭旁的祭冬美食文化,增强幼儿对地方文化的自豪感。

2. 为家长展示家乡美食提供相互交流的平台,加深幼儿对本土文化的了解和认识。

活动时间:

12月22日

活动准备:

1. 物品准备。

①特色菜所需蔬菜(自备或学校购买)、工具、基本调料由幼儿园提供,特殊调料由家长准备;围裙、帽子、托盘、盘子、碗、筷子、勺子等;

②具地方特色的干货食物(番薯面等);

③已经制作好的食物。

2. 人员准备。

每个班级2位家长志愿者、各班老师和保育员。

3. 场地准备。

①厨房用具的摆放及场地环境布置;

②教师布置美食一条街,设置老匠人传统手工制作场地。

活动过程:

1. 制作美食街宣传海报,提前一周发放"吉祥美食节"厨师招募信息。鼓励擅长本土特色菜的家长报名参加厨艺展示。

2. 准备食材。

3. 12月22号上午8:00—9:00,各班级内保育老师配合家长清洗所需食材、烹饪工具等,做好烹饪前的准备工作。教师向幼儿讲解活动内容、即将要看到的菜品名称以及是哪个地方的特色菜肴。

4. 9:00—10:00各班级开始烹饪菜肴,老师组织幼儿到操场观看,体验家长的精湛厨艺和中国美食文化。

5. 教师带领幼儿参观本土干货美食展。邀请当地拥有传统手艺的老匠人现场制作美食,教师带领幼儿观看美食的制作过程。

6. 10:00—11:00各班将烹饪好的菜肴统一端到"美食一条街",各班级幼儿有秩序地品尝丰富的美食佳肴,增强自豪感。

活动注意事项:

1. 家长在活动过程中给孩子做好表率作用。

2. 遵守活动规则,确保活动顺利进行。

3. 活动过程中团结友爱,文明礼让。

4. 活动结束,全体教职工整理场地。

四、主题活动"讨小海"

表5-6　"讨小海"主题内容和进程

阶段	分支侧重目标	阶段侧重目标	集体教学活动	领域	周计划安排
第一阶段	了解渔文化	1. 认识家乡的渔文化 2. 为自己家乡渔文化的渊源、历史而自豪	1. 健跳码头	谈话	1-1
			2. 三门渔文化历史	语言	1-2
			3. 海底世界	绘本	1-3
			4. 我认识的鱼	绘本	1-4
			5. 大红虾	语言	1-5
			6. 小螃蟹找工作	语言	1-6
			7. 虾兵蟹将	展示秀	1-7
			8. 渔夫捕鱼	乡土游戏	1-8
			9. 许多小鱼游来了	乡土游戏	1-9

续表

阶段	分支侧重目标	阶段侧重目标	集体教学活动	领域	周计划安排
第二阶段	创造渔文化	1. 积极参与艺术活动,用自己比较喜欢的活动形式表现渔文化 2. 能用多种工具、材料或不同的表现手法表达自己的感受和想象	1. 猜猜谁来了	语言	2-1
			2. 我的小鱼朋友	涂鸦	2-2
			3. 魔法橡皮鱼	泥工	2-3
			4. 小螃蟹动动	手工	2-4
			5. 螃蟹大变身	美术	2-5
			6. 变色虾	美术	2-6
			7. 小海鲜美食节	美术	2-7
			8. 小鱼找家	乡土游戏	2-8
			9. 螃蟹爬行比赛	乡土游戏	2-9
第三阶段	升华渔文化	1. 引导幼儿融入丰富多彩的渔文化世界 2. 促进幼儿良好情感品质的发展	1. 小黑鱼	绘本	3-1
			2. 七彩虾	绘本	3-2
			3. 笨拙的螃蟹	绘本	3-3
			4. 鱼儿岸上跳	乡土游戏	3-4
			5. 章鱼跳跳	乡土游戏	3-6
主题环境创设	1. 在活动室醒目的地方设立"渔文化"主题墙 2. "海底创意坊"区域中投放贝壳、海螺等具有海洋风味的原材料,利用各种材料制作出多彩多样的艺术作品				

海洋朋友(科学活动)

活动目标：

1. 知道大海中有丰富的动物和植物,能说出几种常见的动物和植物的名称。

2. 了解海洋动物与人之间的关系,初步具有保护海洋的意识。

活动准备：

1. 师幼共同收集有关海洋动植物的图片。

2. 动画片《海底总动员》的片段、音乐磁带、录音机。

3. 教学挂图:《海洋世界》。

活动过程:

1. 通过观看动画片《海底总动员》引发幼儿兴趣。(教师播放动画片)

2. 引导幼儿利用图片,进一步认识各种海洋动植物。

教师:除了动画片里这些动植物,大海里还有什么? 它们是什么样的? 生活在什么地方? 有什么本领?

教师引导幼儿分组交流,提醒幼儿轮流介绍,并安静倾听同伴的讲述。

引导幼儿在集体面前大胆表述,教师在黑板上出示教学挂图和相应的动植物图片。

教师:谁来说一说你知道的海洋动植物? 你最喜欢哪一种? 它叫什么名字? 有什么本领?

3. 教师引导幼儿树立保护海洋环境的意识。

教师:假如这里是大海,你想变成大海里的什么动物或植物?

教师:你希望大海是什么样的? 我们应该怎样保护大海呢?

教师:让我们跟着音乐"水族馆"学一学你想做的动植物的样子,好吗?

教师播放音乐,引导幼儿用身体动作表现自己喜欢的海洋动植物。

健跳码头(社会活动)

活动目标:

1. 了解轮船码头的简单结构和主要作用。

2. 了解轮船码头与人们的关系。

3. 参观时遵守秩序,注意安全。

活动准备:

1. 事先联系好,确定参观路线。

2. 检查幼儿的服装。

活动过程:

一、交代参观的去向,提出参观的要求

二、组织幼儿参观轮船码头

1. 参观码头,观察人们的活动。

提问:这是什么地方? 人们到这里干什么?

人们上船时要走到什么地方? 要注意什么?

2. 了解轮船的有关情况,启发幼儿思考。

提问:轮船要去哪? 去干什么?

3. 参观码头海鲜市场。

提问:这是什么地方? 他们在干什么?

三、参观后谈话

1. 启发幼儿回忆参观的地方和看到的场景。

提问:我们参观了什么地方? 你看到轮船码头包括哪些地方? 这些地方是干什么的? 码头上有哪些人为大家服务? 他们做什么事情?

2. 幼儿知道停靠轮船的地方叫码头。启发幼儿讲述轮船码头的作用。

3. 组织幼儿讨论:乘过船吗? 乘船要注意什么? 教育幼儿乘船时要注意安全,遵守秩序。

许多小鱼游来了(音乐游戏)

活动目标:

1. 熟悉音乐旋律,学会小鱼游的动作,能跟着音乐积极参与游戏。

2. 能遵守游戏规则,能随着音乐旋律积极地创编不同的小鱼游泳的动作。

3. 能通过游戏体验音乐带来的快乐。

活动准备:

儿歌《许多小鱼游来了》,小鱼头饰若干,小猫头饰一个,渔网一个,自制池塘。

活动过程:

一、幼儿随音乐进入活动室,激发幼儿兴趣

教师带领幼儿随音乐踏着碎步,做一些简单的小鱼游的动作进入活动室。

二、复习儿歌,理解歌词

(1)教师:鱼宝宝们(教师呼唤幼儿),我们学过一首有关小鱼的儿歌,你们还记得这首歌叫什么名字吗？是怎么唱的？

（2）幼儿跟着老师一起打着节拍唱歌。

提问：歌曲唱了些什么？有什么小动物？（小鱼）小鱼在做什么？（游泳）

三、幼儿学习小鱼游泳动作

教师：歌曲里面的小鱼在快乐地游泳，那我的鱼宝宝们会游泳了吗？（会）那谁来游给鱼妈妈看看呢？（引导幼儿做不同的游泳动作）

扩展延申：

（1）鱼宝宝向上面游是怎么游的？（或向下游，左右游）

（2）鱼宝宝吃东西的时候又是怎么做的？（嘴巴做吃东西的动作，摇尾巴）

教师：鱼宝宝们真能干，学会了小鱼不同的游泳姿势，那我们现在就来玩一个"捉小鱼"的游戏，怎么样？

四、介绍游戏规则

教师：现在我们要到大池塘里去游戏，鱼宝宝们要随音乐在池塘里自由地游泳，听到小猫叫的声音，小鱼就要蹲在池塘的中间，围在鱼妈妈的身边，不要发出声音，以免被小猫抓走了。如果你被小猫抓走了，你就不能玩游戏了，就要被小猫捉去，被小猫吃了。

五、玩音乐游戏

1. 第一遍游戏，玩后发现了什么问题，老师要及时指出，帮助幼儿纠正，并提出要求。

2. 第二遍玩游戏，提示幼儿要用不同的动作表现小鱼游泳的姿势。

3. 继续玩一次游戏，提示幼儿要注意躲闪小猫的渔网。

4. 请一个小朋友当小猫，其余幼儿当小鱼，继续玩一次游戏。

六、结束部分

1. 教师：鱼宝宝们，今天的游戏玩得高兴吗？还想玩吗？（如果小朋友还想玩，根据时间，可以另请一个幼儿扮小猫，再玩一次游戏）

2. 放轻松欢快的音乐，幼儿边做动作边离开活动室。

我的小鱼朋友(绘画活动)

活动目标:

1. 能在不规则的线条画里找出小鱼形象,并添画小鱼的眼睛、嘴、鳍及鳞等。

2. 学习合理搭配颜色,并发挥想象力进行丰富的添画。

3. 感受用不规则线条作画的乐趣,乐于表现美。

活动准备: 画纸、水彩笔、油画棒等,轻音乐(小鱼和水草)。

活动过程:

一、导入语

教师:今天,老师想和小朋友一起玩一个画画的游戏(教师边示范边讲述,引起幼儿作画的兴趣)

教师:我用一块黑板、一支粉笔,画了一条奇妙的线,这条线在快乐地跳舞。你瞧! 它在这儿转了一个又一个圈,看仔细了,它是怎么转圈的? 它跳啊,转呀,在每一块空地上都留下它的痕迹,一直到满满的。

二、引导幼儿观察整个画面,提出问题

1. 教师看到这条神奇的线在跳舞,有什么样的感觉?

2. 看到这一条神奇的线转了一个又一个圈,你觉得它像什么?

3. 教师小结:刚才小朋友的想法都不错。其实这条不规则的线里面藏了许多小鱼,它正在和小朋友们玩"捉迷藏"的游戏,你们刚才没有找到吧! 那现在老师告诉你了,你能把藏在线里面的小鱼找到吗?

三、老师和幼儿一起观察会跳舞的线,找找小鱼会藏在哪里

教师:谁来找找看,找到就要让鱼儿现身,把它画出来。

四、提供材料,让幼儿作画,教师指导(放音乐)

1. 教师:你们想自己用白纸、彩色笔、玩小鱼捉迷藏的游戏吗? 那记得给找出来的小鱼添画上眼睛、嘴、鳍及鳞等。

2. 要求幼儿听音乐完成作品,看谁找到的小鱼最多、最特别。

3. 提醒幼儿适当地添画泡泡、水草、石头,丰富画面。

小螃蟹（手指游戏）

活动目标：

1. 学习儿歌，体验边唱边做手指游戏的快乐。

2. 以手指操的形式熟悉小螃蟹、小鱼的形态。

3. 锻炼手指灵活度和双手协调的能力。

活动过程（边唱边做手指动作）：

1. 小螃蟹（将双手十指放在胸前，掌心向下屈指2次）真奇怪（左手食指向右弯指，然后右手食指向左弯指）。

2. 眼睛大大（双手交替跳指）脾气坏（双手握拳，敲打2次）。

3. 横行去，横行来（左手握拳做平掌拳，再右手握拳做平掌拳）。

4. 摇摇摆摆（合掌向左摆，再合掌向右拐）左右拐（双手拇指、食指交替勾指）。

5. 大剪刀（双手剪刀指，手指并拢再张开）随身带（手心向内变交叉剑指，再手心向外打开，中指和食指并拢）。

6. 咔嚓咔嚓好厉害（双手做剪刀状，剪2次，再双手交叉握拳打开2次）。

7. 小鱼儿，快快快（双手叠指，拍手3次）。

8. 要保性命（双手手背拱起2次）快躲开（双手同时扇指2次，同时左右手分开）。

《小螃蟹》

小螃蟹，真奇怪，眼睛大大脾气坏。

横行去，横行来，摇摇摆摆左右拐。

大剪刀，随身带，咔嚓咔嚓好厉害。

小鱼儿，快快快，要保性命快躲开。

螃蟹爬行比赛(健康活动)

活动目标：

1. 学习手脚着地向侧面爬。

2. 锻炼身体的协调能力,体验游戏的乐趣。

活动准备：

垫子、游戏音乐。

活动过程：

一、热身准备

在音乐伴奏下,指导幼儿进行走、跳和抖手。幼儿自由地在教师的身边坐下。

问题交流:刚才做了哪些动作? 小脚做了什么动作? 小手做了什么动作?

教师小结:讲评、鼓励幼儿用肢体语言表现。

二、学习爬的基本动作

1. 观看视频,请幼儿探讨小螃蟹爬的基本动作。

①试一试(爬)。

②教师正确示范讲解爬的动作要领,并教会幼儿活动时自我保护的防范措施。

③幼儿自由练习手脚着地侧向爬。

2. 怎么样爬得快。

①提问:小螃蟹遇到危险,会跑得更快,怎么样才能跑得更快?

②个别幼儿讲述、示范动作。

③组织幼儿集体练习。

三、游戏比赛

分组进行接力比赛,选出爬得最快的"小螃蟹"。

四、放松活动

第六章

课程实施

乡土动力课程将课程内容融合在幼儿的一日活动之中,通过教研解读、活动实践、活动反思、调整修改等方式螺旋式地实施课程。其主要组织实施形式包括自选动力区域游戏、本土文化主题活动、乡土动力擂台赛、乡土动力节日专场等。

一、自选动力区域游戏

《幼儿园教育指导纲要(试行)》中明确指出:把促进幼儿的健康放在工作首位。为此,幼儿园创设了丰富、形式多样的乡土区域游戏:有针对晨间体育锻炼(以下简称体锻)设计的"乡土动力A+B";有供幼儿自由自主选择的"乡土游园大串烧";还有随时随地可开展的各种"乡土动力吧"。让幼儿真正地在户外"动"起来,投放不同的游戏材料,发展幼儿基本动作,激发其探索的主动性、积极性,增强其自尊心和自信心。

表6-1 乡土动力A+B游戏

活动形式	游戏类型	场地	游戏内容	容纳人数	时间	次数
乡土游园大串烧	混班游戏	一楼	揪尾巴抢柱子打雪仗等	大班组	60分钟	1周一次
晨间体锻:乡土动力A+B	分组游戏	二楼平台	自主游戏+规则游戏	中、大班	50分钟	1周2—3次
乡土动力吧	自主	班级区域走廊动力室	抓娃娃套圈赶小猪等	班级自行组织	40分钟	1天一次

(一)晨间体锻:乡土动力A+B

我们在开展晨间来园活动时,把班级活动区分为两个部分:A区是在人员指导下的体锻活动,B区是材料支持的体锻活动,这是基于乡土动力课程的特质,有一些游戏如果有人员和材料的帮助,幼儿就能玩得更加深入和投入。通常我们把一些新学的游戏或者规则比较复杂的游戏,且需要人员指导的,投放在 A 区。比如,小班练习双脚并拢跳的"小青蛙过河"、中班练习投掷的"小兵日记"、大班练习匍匐爬的"穿越烽火线"。这些游戏规则性较强,而且需要幼儿在游戏中习得某种新技能,就需要在老师的组织和指导下进行。

图 6-1　晨间乡土动力 A+B

在 A 区为幼儿提供人力支援的不仅有幼儿园老师,还有保育员、保安、家长志愿者,幼儿也是主要力量,他们可以自己报名参加、指导其他幼儿,有些大班的幼儿还可跨年级到中班、小班去指导。

B 区由幼儿在材料库自由选择三种以上的器械和材料,比如练习跳的时候可以投放砖块、梅花桩、跨栏等材料;练习投的时候可以投放流星球、纸球、沙包、目标物等。在游戏的时候,幼儿可以根据自己的能力和喜好自主选择材料进行游戏,同时在多种材料中还可自主地选择和更换。老师作为游戏的观察者和推进者存在,在自主选择区中,主导游戏的是幼儿,教师不轻易干涉,权力在幼儿的手中,幼儿会给游戏带来新的"火花",他们会由此产生很多富有创新的游戏方法。

在新型"A+B"模式中,A 区和 B 区并不是独立存在的,两者之间是互通的。如:A 区的幼儿开始是在 A 区和老师一起进行游戏,当他已经习得了一定的技能技巧之后,可以选择到 B 区进行自主游戏。同理,B 区的幼儿也可以在完成 B 区的游戏之后到 A 区参加游戏。

同时,在"A+B"模式中,我们的重点在于基于幼儿动作核心经验来提高幼儿的动作技能,以此增强幼儿的体质。根据幼儿动作发展将动作技能分为走、跑、跳、爬、投五大类。

表6-2　乡土动力A+B模式的A区集体活动内容

动作技能	小班	中班	大班
走	高人走,矮人走 咕噜咕噜拉着走 快乐抱一抱 小兔过桥 走过小石墩 走脚印	可爱的毛毛虫 机灵的鼠小弟 蚂蚁排队走 你走,我走,大家走 过小河	我不怕黑啦 我们是连体人 蜈蚣走路 熊和石头人 走大鞋 踩高跷
跑	聪明的小兔子 好玩的小风车 小鸡捉虫 勇敢的兔宝宝 花园中的蝴蝶	老鹰捉小鸡 切西瓜 贴烧饼 我们一起跑起来 小鱼逃圈圈 踩影子	奔跑吧小鱼儿 盖新房 好玩的矿泉水瓶 人、枪、虎 贴膏药 追泡泡
跳	快乐跳跳糖 拼板 快乐小皮球 小老鼠上灯台 小青蛙跳荷叶 小兔跳房子 小小爆米花 小兔跳跳跳	过河 好玩的鞋盒子 山沟里的狼 跳皮筋 玩纸棒 小兔搬家 勇敢的喜羊羊	编花篮 有趣的翻越 鸡蛋壳鸭蛋壳 警察捉小偷 青蛙捉害虫 数字格子跳跳乐 跳房子 小马运粮 雪花飘飘
爬	听信号爬爬爬 小乌龟本领大 小兔采蘑菇 小乌龟运粮 小蚂蚁爬爬	城门城门几丈高 炸果子 攀爬勇士 快乐向前爬 毛毛虫爬呀爬 钻洞洞	好玩的小山洞 上学路上 乌龟搬家乐翻天 小孙悟空摘桃 勇敢的小兵
投	打怪兽 趣玩雪花片 消灭大灰狼 小流星 有趣的抛接球	看谁投得远 勇敢的小猴子 好玩的沙包 肩上投掷 小小投掷手	飞盘 小小哨兵 勇敢的孩子 炸坦克

　　B区器械和材料的投放非常关键,它们是激发幼儿兴趣的刺激物,又是开展晨间锻炼的物质保障,幼儿园前几年开展的"自制体育游戏器材"正好在这里得到了充分的运用和推广。同样,教师对B区的游戏材料也是根据走、跑、

跳、爬、投五大类进行分别投放的。

表6-3　乡土动力A+B模式的B区材料投放情况

动作技能	材料投放
走	大鞋盒、高跷、双人板、彩色脚印、梅花桩、拖拉玩具、滚铁环、平衡木
跑	赶小猪、高低不同的跨栏、揪尾巴、雌雄背心、放风筝、撕名牌、骑竹马、打地鼠、捕蝴蝶
跳	袋鼠跳、呼啦圈、纸砖、母鸡下蛋、骰子、荷叶、纸棒、沙包、梯子、皮筋、长绳、闪电跳
爬	垫子、铃铛绳子、大纸箱、沙包、手印脚印、滚坦克、钻山洞、盘丝洞
投	雌雄背心、投掷筒、大象套环、流星球、打大灰狼、彩色飘带、飞盘、套圈、弹力网、沙包

（二）乡土游园大串烧

西方近代教育理论奠基者夸美纽斯在《母育学校》中有相关阐述："儿童天性好动，他们精力旺盛，所以对儿童不应加以限制，而应让他们常常有事可做，像蚂蚁一样不停地忙碌。"单个乡土游戏的运动量已满足不了幼儿成长的能力，为此幼儿园将每周四的上午定为"乡土动力游园日"，根据场地分割成十几个区域，开展年级组打通的户外区域大串烧。区域游戏内容由幼儿自己投票选出，如舞龙舞狮区、揪尾巴区、斗鸡区、划龙舟区、抢廊柱区、打地鼠区、打雪仗区等，专人专项负责制。幼儿根据兴趣、爱好、能力自主选择游戏区，自由寻找伙伴，促进幼儿的交往、合作能力的提升与发展。

附：乡土游戏大串烧方案

一、活动目标

1. 发展幼儿的身体素质，提高动作技能、增强体质，促进幼儿肢体的协调发展，提高运动能力。

2. 激发幼儿参与乡土游戏活动的兴趣，体验活动的乐趣。

二、活动年龄段

中班、大班

三、活动时间

单周周四上午9:10—10:00 乡土游戏打通式游戏

四、活动地点

中心幼儿园一层和负一层的活动场地。

五、活动形式

打通式游戏:全年级打通。

分七块区域进行活动,一位老师负责一个区域。

瘸猫捉老鼠负责人:罗老师;

打雪仗负责人:曹老师;

斗鸡负责人:王老师、叶怡青;

赛龙舟负责人:陈老师、王老师;

揪尾巴负责人:胡老师;

抢柱子负责人:吴老师;

儿歌类游戏负责人:何老师;

舞龙舞狮负责人:金老师、潘老师;

乡土自主游戏(跳大绳、打陀螺、跳皮筋等)负责人:林老师;

打地鼠负责人:罗老师;

场地巡逻管理:杨老师、黎老师。

所有幼儿事先选择好要进行的游

图6-2 乡土动力大串烧掠影

戏,在一个游戏完成后可以自由选择继续玩还是选择其他区域的游戏。

六、活动流程

1. 幼儿听音乐入场到达各班的运动场地。

2. 听音乐《宠爱》做运动前的韵律操。

3. 韵律操结束后,幼儿轮流自主选择内容,根据自己的喜好选择游戏内容并帮助教师布置游戏场地。

4. 幼儿参加游戏时在游戏入口处排队,等待入场参加游戏。游戏结束时从游戏出口处领取一个手环,然后去选择下一个游戏。

5. 听到活动结束音乐,所有幼儿回到各自的运动场地,跟随本班教师回到活动室内。

(三)乡土动力吧

解放孩子,给孩子自由、自主的权利。幼儿园的走道、楼梯、平台、转角随处可见各种乡土游戏的玩法介绍、地面游戏图、材料、工具等,幼儿随时随地可开展乡土游戏。

(1)教室里设置别出心裁的嬉戏区。在教室里设置专门的乡土游戏专区,将适合在室内开展的乡土游戏归类统整到该区中,以个体或小组的方式自主玩耍,灵活机动。

(2)平台上投放"乡土库",投放一箩箩、一筐筐的游戏材料,有用于钻爬的、跨跳的、投掷的、躲闪的;幼儿在排队、走路、散步时触手可及,随时随地可与其亲密接触。

(3)乡土动力专用活动室的游戏材料更是琳琅满目、应有尽有。有"玩转手指"的小肌肉区,有奔跑、追逐、跑跳的大肌肉运动区。在恶劣天气幼儿也能尽兴玩耍。

图6-3　多形式的乡土动力吧

二、本土文化主题活动

大班乡土课程"龙文化"

主题说明：

充分利用社会资源引导幼儿感受祖国文化的丰富与优美,激发幼儿爱家乡、爱祖国的情感。龙,自古以来便是中华民族的图腾,幼儿一直对龙的形象非常感兴趣,融合三门县本土文化,借助"龙文化"这一主题课程活动,可以满足幼儿对龙的好奇,让幼儿了解中国和家乡的民族特色,加深对祖国和家乡民间习俗的感受和理解。

主题目标：

核心经验——运用多种形式感知、欣赏、发现龙文化的神奇,多维度表达、表现和整合已有经验建构对龙文化的认知。

关键能力——运用多种多样的艺术表现形式表达自己对龙文化的感受和领悟,主动运用多种方式表现龙文化、创造龙文化,发展出对龙文化的理解和欣赏。

情感态度——主动地参与美术、乡土游戏活动,喜欢龙文化,爱祖国、爱家乡,体验乡土游戏的美好和丰富多彩。

主题脉络：感知与了解→探究与发现→尝试与应用→拓展与提升

阶段一：龙的传说真神奇

脉络走向:切入新主题的任务驱动,明晰即将开展的主题名称→关于主题开展的任务准备(周末与家长一起了解南北龙文化)→龙的传说真神奇→预设生成空间。

阶段二：制作板龙真有趣

分支目标:引导孩子去关注板龙的制作过程,通过多种活动组织形式,激发孩子们对板龙的制作产生兴趣。

阶段三：舞动板龙真热闹

耍龙(语言)——板龙动起来(乡土游戏一)——舞龙擂台战——群龙狂

High 舞龙舞狮(乡土游戏二)——龙腾虎跃(乡土游戏三)

表6-4　主题学习性内容主要框架

阶段		集体教学	辅助活动	备注
阶段一:龙的传说真神奇	准备阶段	(前一周的周五):交代下一周新主题名称,布置周末迎接主题开展的任务	发放主题调查表	给幼儿迎接新主题的接受过程
	活动一	谈话:南北龙文化 进入主题,开展龙的讨论:你知道的南北龙文化(原有经验的了解堆积、激发过程,思维的起点)	将幼儿周末收集到的关于南北龙文化的资料、图片进行分类,根据主题的进程投放	激发—回顾—收集—整理
	活动二	龙的传说(语言)	活动准备:PPT资源包	
	活动三	歌曲:金蛇狂舞 重点:乐曲热闹、欢快 难点:跟随音乐节奏舞动		
	活动四	绘本讲述:三门板龙的传奇故事 目标: 1.三门板龙的来源 2.喜爱本土乡土文化产物板龙	活动准备: 三门县民间传统习俗、三门县板龙的资料、PPT资源包	
阶段二:制作板龙真有趣	活动一	欣赏板龙 1.交代任务—板龙发布会 2.利用故事进行辅助欣赏 3.画设计图(小样)	1.活动前收集、了解三门县板龙相关资料 2.邀请三门县板龙制作专家来园指导制作 3.区域渗透,家园合作	活动五展示过程中可邀请部分家长参加
	活动二	板龙模型打样 活动建议:家长配合完成		
	活动三	装饰板龙(幼儿自主制作,教师适时指导,对技能和效果不做太多要求,关键是体现幼儿的自主性和个性化)		
	活动四	继续装饰板龙(幼儿制作及排练准备、邀请家长)		
	活动五	板龙展示秀(三门县体育场进行展示)		

续表

阶段		集体教学	辅助活动	备注
阶段三:舞动板龙真热闹	活动一	耍龙(综合) 活动目标: 1. 了解耍龙的基本要领 2. 体验舞龙的乐趣	1. 邀请三门民间舞龙专家来园指导,带领孩子耍板龙 2. 群龙狂 high 到三门各乡镇展示 3. 户外乡土游戏:打龙尾 游戏规则: 分成两组,一组均匀站成一圈,另一组进入圈中,排成一列纵队,后面的人扶住前面人的腰站在圆圈内 游戏开始,教师发令后,圈外孩子用一个泡沫球打向圈内孩子,可以互相传递球,捕捉时机,掷击"龙尾"。"龙头"可以用手挡打来的球,"龙尾"则迅速奔跑躲闪,以避开球,被打中的自动退出,游戏依此进行,直到圈内无人	端午节、元宵节展示本园的特色项目
	活动二	三门板龙动起来(乡土游戏一) 游戏规则: 由7到8个小朋友共同舞起一条龙,一个小朋友在前面拿龙珠让龙头带着后面的龙尾跟着跑		
	活动三	规则: 1. 一组限时3分钟,可在场地自由跑,体会合作的乐趣 2. 中途若有小朋友要退出,可由等待的小朋友替代 3. 跑动时注意其他小朋友的速度及动作,注意彼此配合		
	活动四	舞龙擂台战 规则:选取相应的人员进行比赛,每班出一条板龙,进行闯关活动,规定时间完成任务这一组为胜利组擂台得主		
	活动五	群龙狂 High(系本园的宣传项目,走出中心幼儿园,走进三门乡土小镇,融入三门乡土文化) 规则:每班出一条板龙,组成团体,排成舞蹈		
	活动六	舞龙舞狮——乡土游戏二 目标:龙、狮结合,使主题得到延伸		
	活动七	龙腾虎跃——乡土游戏三 目标:进一步延伸,使主题活动得到升华		

附1：乡土动力课程"龙文化"主题脉络

龙文化

主题目标
- 核心经验：运用多种形式感知、欣赏、表达，表现和整合已有经验建构对龙文化的认知
- 关键能力：运用多种多样的艺术表现形式表现、发现龙文化的神奇、多维度的感受和领悟，主动运用多种方式表现龙文化、创造龙文化，发展出对龙文化的理解和欣赏
- 情感态度：主动参与美劳、乡土游戏活动，体验乡土游戏的美好，喜欢家乡、喜欢龙文化、喜欢祖国，喜欢家乡的美好和丰富多彩

主题学习性内容框架

阶段一：龙的传说真神奇
1. 南北龙文化（语言）
2. 龙的传说（音乐）
3. 金蛇狂舞（音乐）
4. 三门龙的传奇故事（绘本讲述）

阶段二：制作板龙真有趣
1. 欣赏板龙
2. 板龙模型打样
3. 龙灯造型设计
4. 缝缝装饰板龙
5. 板龙照示秀

阶段三：舞动板龙真有建
1. 耍龙（综合）
2. 舞龙擂台战（乡土游戏一）
3. 龙动动起来（挑战赛）
4. 群龙狂high（展示秀）
5. 舞龙欢舞（乡土游戏二）
6. 龙腾虎跃（乡土游戏三）

主题背景
1. 东方利用社会资源引导幼儿感受祖国文化的丰富与优美，激发幼儿爱家乡、爱祖国的情感
2. 龙自古以来便是中华民族的图腾，幼儿一直对龙的形象非常感兴趣
3. 融合三门县本土文化，借助"龙文化"这一主题课程活动，满足幼儿对龙的好奇，让幼儿主动了解中国和家乡的民族特色，加深对祖国和家乡民间习俗的感受和理解

主题区域

室内活动区
1. 会翻跟斗的板龙（美工区）
2. 嬉龙接接（乡土游戏区）
3. 龙维拉拉（乡土游戏）
4. 龙腾虎跃（规则游戏）
5. 超级转转龙（益智区）
6. 翻翻龙乐（数字区）

户外活动区
1. 舞龙欢腾
2. 龙龙改斗
3. 战龙翻跟斗

主题环境
1. 主题墙：龙的传说相关知识
2. 大环境：板龙图片、板龙模具
3. 区域环境：相关引导图、操作图

"龙"主题即将开始……

亲爱的家长朋友：

从下周开始，班级将开始"龙"主题活动，孩子们怎样才能在主题活动的进行中积极地参与、互动并有所收获呢？他们需要一些知识和经验的储备，家长朋友可以带领孩子完成以下几件事情：

1. 和孩子一起了解南北龙文化；

2. 感知龙文化带来的神奇；

3. 完成1、2以后，请家长将孩子的相关语言简单记录下来。

孩子的了解		家长的记录
问一问	南北龙文化	
说一说	怎样展现龙文化	
想一想	怎样创造龙文化	

寻找龙，感受龙，让我们和孩子们一起进入龙的世界。

三、乡土动力大擂台

幼儿爱模仿、好挑战，喜欢在挑战中获得提升和突破。于是幼儿园开设了一个月一次的"乡土动力擂台赛"，让幼儿展示最擅长的项目，报名挑战擂主。在挑战中感受成功、体验失败。

图6-4　动力擂台赛

活动主题：我爱乡土游戏　比比谁是王者

活动目标：

1. 广泛地宣传乡土游戏的教育价值，在玩玩乐乐中体验乡土游戏文化；

2. 通过乡土游戏提高孩子的身体素质，发展孩子动作的协调性和灵活性，充分调动孩子参与活动的积极性和主动性；

3. 培养孩子初步的竞争意识，体现团结协作的竞赛风格；

活动形式：乡土游戏技能竞技、幼儿团体展示、乡土游戏表演秀、师幼合作展示秀。

参加人员：大班组全体幼儿、中班组全体幼儿、大班组全体教师。

活动时间：3月15日。

活动准备：乡土游戏组委会以及分工：

1. 总策划：林老师（负责全面工作，策划整个活动方案，调控工作进展、效果等，准备好乡土游戏进行曲、一些轻快的儿歌）。

主持人：林老师、胡老师（主持稿、排练）

2. 筹备组

组长：胡老师

组员：大班组全体教师——负责制定擂台赛计划及方案策划（详细方案，把所需的奖状、奖品写清，设计擂台赛成绩记录表）。

各班主任——负责做好各个班级的宣传、发动工作，想好班级口号，准备好班牌，统一服装，戴上统一的帽子或者其他标志。

3. 乡土游戏竞赛组

闪光跳组长——吴老师；跳绳组长——王老师；打陀螺——杨老师。

参赛人员：全体幼儿；组员——大班全体教师（负责比赛项目的训练、组织，场地器具的准备，指挥）。

裁判：沈老师、柯老师（事先交代擂台赛规则）。

4. 周四场地环境布置组：组长——罗老师（负责全园幼儿的保健、救护、安全指导工作，做好卫生教育工作，维护现场秩序、维

图6-5　闪光跳达人

护场地整洁,包括活动后场地整理)。

组员——各班保育员(做好协助幼儿的保健、救护、安全指导工作)。

5. 音乐负责组:张老师、叶老师。

活动安排:

活动时间	活动内容
9:00—9:10	闪光跳竞技
9:10—9:20	闪光跳团体展示
9:10—9:20	跳绳竞技
9:20—9:30	双人跳绳表演秀
9:30—9:40	打陀螺竞技
9:40—9:50	跳大绳师幼合作展示秀

四、乡土动力节日专场

节日文化是传统文化的一个重要元素,与乡土游戏紧密相连。如元宵节的舞狮、舞龙、踩高跷、坐旱船,端午节的赛龙舟等。模拟传统节日,创新游戏形式,如逢端午节,在活动室里悬挂香袋,布置节日墙饰,张贴赛龙舟等图片,组织幼儿进行赛龙舟游戏比赛,让幼儿在富有趣味的运动竞赛中直观感受端午节的民俗民风。同时,我们还将乡土游戏与现代节日相结合,如逢"六一"儿童节,开展乡土游戏亲子活动。乡土游戏专场活动,不仅在幼儿园开展,还扩展到家庭甚至社区,被更多的幼儿及其家长喜爱。

附:"乡土游戏乐翻天"亲子活动专场策划方案

活动主题:我爱乡土游戏 我玩乡土游戏 我秀乡土游戏

活动目标:

1. 在乡土游戏中增进家长与子女之间的情感交流,增加老师与家长共同了解的机会,实现家园共育。

2. 在玩玩乐乐中体验乡土游戏文化,对外进行广泛宣传乡土游戏的价值,传承乡土游戏文化。

　　3. 通过玩乡土游戏提高幼儿的身体素质,发展幼儿动作的协调性和灵活性,充分调动幼儿参与体育活动的积极性和主动性,培养幼儿初步的竞争意识,体现团结协作的竞赛风格,使幼儿获得运动会的一些粗浅经验。

　　活动形式:中班乡土游戏表演秀、大班乡土游戏技能竞技、小班亲子乡土游戏秀。

　　参加人员:全体教职工,全体幼儿,小班家长、中大班家长志愿者。

　　活动时间:6 月 1 日

　　活动地点:蟠龙公园

　　活动准备:

　　运动会组委会以及分工:

　　1. 总策划:沈老师、林老师(负责和调控全面工作,筹备和策划整个活动方案、工作进展、效果等,乡土游戏进行曲、一些轻快的儿歌)。

　　主持人:林老师、胡老师(主持稿、排练)

　　2. 筹备组:

　　组长:胡老师

　　组员:大班组全体教师——负责制定专场节日秀计划及方案策划。

　　各班主任——负责做好各个班级的宣传、发动工作,想好班级口号,带孩子玩透相关游戏,准备好班牌,统一服装,戴上统一的帽子或者其他标志。

图6-6　"乡土游戏乐翻天"活动

3. 乡土游戏展示组：

乡土游戏表演秀组长——何老师；组员：中班组全体老师。

亲子优秀秀——任老师；组员：小班组全体老师。

乡土游戏竞技组——吴老师；组员：大班组全体老师。

舞龙舞狮开场组组长——郑老师。

现场总调度：赖老师、柯老师。

4. 周四场地环境布置组：组长——罗老师（负责全园幼儿的保健、救护、安全指导工作，做好卫生教育工作，维护现场秩序、保持场地整洁，包括活动后场地整理）。

组员——各班保育员（协助做好幼儿的保健、救护、安全指导工作）。

5. 音乐负责组：张老师、叶老师。

活动安排：

活动时间	活动内容
8:30—9:00	开场：舞龙舞狮
9:10—9:20	中班乡土游戏表演秀
9:20—9:50	大班乡土游戏竞技表演
9:50—10:20	小班乡土亲子游戏秀
10:20—10:30	全体儿童乡土童谣秀

第七章

课程评价

我们尝试通过量一量、称一称、测一测、比一比等方法,对幼儿的动作发展、体能素质进行评价,同时进行观察记录和问卷调查,对幼儿的情感和教师的发展进行多元评价,主要采用即时评价和阶段评价两种方法。

一、即时评价

即时评价是指随时随地对课程的适宜度、幼儿的获得感、教师的支持等进行评价。为了即时评价能够得以实现,我们运用了一些便捷的方式来帮助教师和课程审议者。

(一)展板评价

如,"今天,我们在运动!"展板,参加乡土动力课程的幼儿在该项目中给自己插上一个笑脸,教师可以根据幼儿的标签记录,总结出哪些幼儿是最活跃的、哪些游戏是孩子们最喜欢玩的、哪些游戏是需要调整的。

(二)观察记录

观察记录这种方式易操作且方便可行。开展乡土动力课程时,教师可以在真实状态下观察幼儿的行为、言语、情绪等,进行分析,及时了解幼儿在活动中的发展状态。这对老师的观察能力、记录能力也是一种历练和提升。

揪尾巴故事案例分析

1. 游戏背景:幼儿园开展了打通式乡土动力大串烧,揪尾巴游戏是其中一个项目。

2. 游戏实录。

推进一:我的尾巴又被抓走了(第一次调整:总结经验)

案例:孩子们围着老师兴奋地嚷起来:"开始,开始,老师我们准备好了!来呀,来呀!""好的,预备,开始!"哨子声一响,游戏开始。5分钟后,抱怨声连连。"我不要玩了,没意思,又被抓住了。""我的尾巴又被抓走了。""我也不要玩了,老是抓我的尾巴。""我的尾巴总是第一个被别人抓走,唉!"刚刚还处于兴奋中的孩子一个个出现沮丧感。

关注点：

1.进行谈话活动,讨论内容:怎样不被对方捉住尾巴,且能快速抓住别人的尾巴。

2.总结揪尾巴的技术经验,画成作品。

(1)加快跑步速度;

(2)相互之间保持距离;

图7-1　揪尾巴的经验表征

(3)加强躲闪能力、反捉能力。

推进二:我太累了,不想玩了(第二次调整:奖赏效应)

案例:当老师问道:"孩子们,你们谁想接着玩揪尾巴?"孩子们异口同声答道:"我,我,我,我。"但是,甜甜和豆豆偷偷地挪到了人群后面,站到了队伍的最后,且表情看起来十分焦急和不安。我走到他们身边问:"孩子,怎么了?"他们轻声说道:"老师,我不想玩了,好累呀!""再玩几次呗,可以得到贴纸和手环哦。"两个孩子相视一笑,迅速插到中间队伍:"老师,我们继续参加,嘿嘿!"游戏结束后,俩娃还是舍不得离开。

关注:活动中,孩子们对游戏的喜爱程度间接表现于其在队伍中的状态,如果孩子自信满满冲在前头,表明其对这个活动充满着期待;如果孩子刻意躲闪或者逃避,表明其对这个活动有点排斥。对于孩子们在活动中所反映出来的困惑,教师应该及时发现,并了解他们的想法,及时予以引导,可以用谈话、提问、讨论的方式帮助解决,为后续精彩活动做好指引。

推进三:我们组队PK吧/我们是最佳搭档(第三次调整:满足需求、灵活多变、分工明确)

案例一：组队PK

豆豆："我们要求组队，老师？"教师："行吧，你们怎么分配？""1、2、3……9个，我们分成3组进行比赛"，豆豆："你你你，3个红尾巴是红队，你你你，3个蓝尾巴是蓝队，我们3个黄尾巴是黄队，OK？"分组成功，瞬间出现3个小分队，其他孩子们连声附和："好的，一万个同意。"5分钟后，孩子们热火朝天地玩起揪尾巴游戏。

游戏进行了几轮后，牛牛大声嚷道："不想玩了，都没有擂台，就知道最后谁最厉害，没劲！"旁边的娃附和着说道："对呢！不好玩，我们应该像斗鸡一样有擂台、有观众、有胜负、有音乐、有裁判，这样才能知道谁最厉害。"大家纷纷同意。孩子们拉起小粉旗围出一片场地。"游戏规则就这样子吧，红黄蓝3对上去，剩下都是观众，被抓到请下台，最后哪一对剩下人数最多为胜利者，我来当裁判，1、2、3开始……"牛牛说。

案例二：最佳搭档

飞飞和浩浩正在争执如何能快速抓住对方的尾巴。沙沙走到俩孩子旁边："嗨，伙计，我加入你们行不？"两人答道："好的。"沙沙："我们先分工，说说，你们擅长什么？"飞飞："我跑得快。"浩浩："我反应迅速，擅长躲闪。"沙沙回答："行吧，浩浩你跑得快，你来诱惑对方到我们的阵地。飞飞你擅长躲闪，你负责迎战对方。我就负责随机抓尾巴。"三人分工相当明确。40分钟后，飞飞、浩浩、沙沙成功完成各自的任务，成为胜利组。

关注点：在整个游戏过程中，我们看到了能力不断发展和变化的同伴群体。其间，孩子们有分工、有合作，有质疑、有协商，有提议，也有妥协，参与其中的每一个人都在实践中运用和发展着不同的合作与交往策略。我们还看到，沙沙像个领头人，他的提议被大家采纳并开始了分工合作，他引发了同伴们进一步的思考和探索。每个孩子都真情投入并乐在其中，每一个孩子都得到不同的发展。

推进四：有特权更好玩（第四次调整：借鉴、融合、升华）

案例一：区域里只有甜甜等几个人坐在一起聊天："我前几天看到有个电视节目里的'特权牌'真好玩""对呀，对呀，《王牌对王牌》也有特权牌。"飞飞附和道。麦子说："我们在揪尾巴游戏里加上这些特权牌是不是更好玩了？"麦子的这一提议受到大家的肯定,飞飞说:"我们的特权牌一定要有重生机会,就是说抽到这个牌即使被抓到他还有再玩一次的机会。""对对对,还有暂停特权,就是谁被抓到了,他就说停,5秒钟以后才可以去抓他。"……大家议论纷纷,然后开始到美工区制作特权牌,半个小时后他们设计了9张特权牌,有暂停、重生、5秒钟再来、蹲下、隐身等功能。

案例二:揪尾巴游戏开始,孩子们拿出特权牌,每人抽了一张。游戏开始,大家兴奋地投入游戏。过了10分钟,一个孩子嚷道:"不玩了,啥时候结束啊?特权牌的权利实在是太大,累死了。"老师轻声说道:"你们觉得一次游戏用几张特权牌比较合适?""2张?""4张?""5张?",大家都不确定。溜溜说:"3组就3张呗,太多特权牌怎么显示出特权呢?我看《王牌对王牌》一组里面就只有一个人有特权,其他的人都没有的。""那就试试看吧!""这张特权给谁呢?我们抽签吧!"抽签后,红队的七七、黄队的默默、蓝队的小庄分别得到了特权牌。这一轮游戏下来,显然达到了孩子们预想中的效果。

关注点:巧妙介入,支持而不打扰,建议而不主宰,教师对游戏进行全程观察,选择适宜的介入时间和方式,保证了幼儿自主游戏的有效开展。当发现孩子们因为游戏规则过于复杂使得揪尾巴游戏无法开展时,教师没有直接帮助协调,而是在旁边轻声建议"几张特权牌比较合适?"这既满足了孩子们开展"特权"游戏的愿望,又丰富了他们的游戏情景。整个游戏过程中,幼儿始终是游戏的主人。

二、阶段评价

阶段评价是指在较长的一个时间里(一个月、一学期、一学年)对乡土动力课程中幼儿的收获、教师的成长、课程的适宜度进行一个较为合理的审视。对幼儿的阶段评价不仅包括对幼儿运动连续性的关注,也包括对幼儿发展的关注。

(一)幼儿成长档案

这是一本汇集幼儿参与乡土动力课程的照片、相关资料和文字记录的画册。它表现了幼儿在乡土动力课程参与过程中的发展水平、特点,是反映幼儿在此领域的发展水平、特长、进步和成就的一种载体。

(二)幼儿动作档案册

乡土动力课程关注儿童个体及其需求,这就要求我们在评价时要关注儿童的个性。为此,我们在乡土动力课程的实施过程中,开展幼儿动作发展个案记录。每个学期每班教师对班中动作发展差异较大的幼儿的某一方面进行个案跟踪记录,学期结束对幼儿的个案记录进行分析,以此考量课程对幼儿的帮助或制约。

(三)学期幼儿发展测试评估

根据乡土动力课程的目标,三门县中心幼儿园每学期抽样检测幼儿的出勤率,抽样体能检测单项的前测和后测进行比较,并以此为依据考量课程设置。

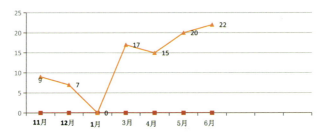

图7-1　2016年11月到2017年6月叶××晨间户外活动出勤次数

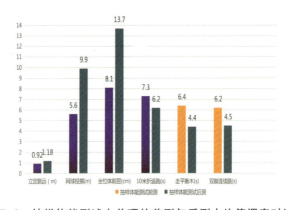

图7-2　抽样体能测试中单项的前测与后测人均值调查对比表

秋天的分享宴

——乡土课程"秋天多美好"之当季农作物带来的启示

在很多年前,我就曾不止一次地听到专家批判现在的孩子五谷不分,而我们从未把它当成一件大事来看。直到我成了一名幼儿园教师,看着班上的孩子对土地里出来的农作物是如此好奇与珍惜时,我忽然觉得他们的生活跟我们儿时在土地里玩耍的生活是不同的。即使通过图片或者亲眼看到这些农作物,但又有多少孩子是抚摸过它们,又有多少孩子经历过亲自种下种子、期盼它们结成果子的过程,又有多少孩子双脚踩着土地收获着它们。

然而,有种天性,不管是成人还是孩子,对土地里生长出来的果实,总会有种天然的特殊情结。在对待这些农作物时,我们呈现给孩子的是什么? 是已经剥好壳的豆子、削好皮的芋头和番薯,这些都是值得令人深思的。

当我们身边的孩子聚集在一起分享的都是"肯德基"等油炸类和其他零食时,又有哪些家庭会与孩子聚集在一起分享收获的果实呢? 如同文章《落花生》一样,在热气腾腾的桌了前—家人围坐在一起,边品尝边说着有关花生的故事呢?

在幼儿园,我们会根据季节选择一些适合幼儿或幼儿喜爱的果实当作点心,在这些分享的过程中,出现了很多令人深思的瞬间,其中令我印象最深刻的是吃毛豆、芋头,在此之后我们发生了变化……

初吃毛豆、芋头记

一天中午,保育员陈老师捧着一大盆水煮毛豆放在点心领取处。不一会儿就是起床时间了,班里小朋友醒来就发现今天的点心与往常不同,惊奇地问道:"陈老师,今天我们吃什么?"

"是树叶吧,绿绿的!"还没等我告知答案,马上就有小朋友回答了。

"啊,给我们吃这个呀?"看他们那么好奇,我干脆就先晾晾他们,让他们自己去找答案。

马上就有小朋友穿好衣服、叠好被子跑过来,仔细地想瞧个究竟:"哦,是豆子!"接着陆续有小朋友围观了过来,"是呀,不是树叶!我说幼儿园怎么可能给我们吃叶子嘛。"华华一副早就知道的样子说道。

当然,也有小朋友补充道:"这个是毛豆,我们家吃过。"

"是呀,我们家也吃过的。"其他小朋友也纷纷响应。

不用说了,这天吃点心小朋友特别积极,就连一向爱在盥洗室里拖拖拉拉的几个小朋友都快速地整理好去吃点心了。接着小朋友度过了一段愉悦的点心时间。还有一次令我印象深刻的是吃芋头,幼儿园食堂的阿姨很有心地给小朋友们准备了番茄酱。那天小朋友吃得也是别有一番滋味,喜欢番茄酱的小朋友蘸着吃,奇奇跟着也蘸了点,细细地品尝后一边点头一边评论道:"嗯,我觉得蘸了番茄酱的芋头味道重了点,还是不蘸好吃!""是吗?可是我喜欢番茄酱!"旁边的萌萌反驳道。接着他们一边吃一边发表着自己的心得。

南瓜宴——"南瓜子–瓜子"的种子分享宴

三门县中心幼儿园从 2013 年开始就非常重视种植园,实行班级承包的方式让每班承包一块土地,由老师、孩子、家长一起种植当季作物,进行种植、观察、收播。从一开始的播种到收获南瓜时,我们将南瓜蒸着吃,在这个过程中孩子们表现出更多的探索欲望,于是我们便通过家园合作的方式,发动家长的力量一起进行了南瓜分享宴,分享宴上出现了南瓜饼、南瓜凉糕、南瓜馒头、蛋黄南瓜、南瓜粥等,让孩子们在分享的同时感受南瓜融入美食中的不同风味。

这天,孩子们都围在一起讨论着"好吃的南瓜子"这个话题。因为一次偶然的机会,毛毛外婆在家炒了些南瓜子,毛毛意外地发现炒出来的南瓜子不仅可以吃,而且味道特别好。于是她将"南瓜子可好吃了"的消息带到教室里。

在孩子们的要求下,我们组织孩子先挑选、清洗南瓜子,再进行晾晒。为了炒出孩子们心仪的南瓜子,我们特地邀请了毛毛的外婆来帮忙指导炒南瓜子。当南瓜子在毛毛外婆的手下炒出香味时,教室里一下安静了,大家都迫不及待地等待品尝南瓜子。在品尝南瓜子后,老师将事先准备好的其他品种瓜子拿出来,请孩子们一一品尝。

当我们静下心来用心对待身边每一件事每一个事物时,我们就会深深感谢大自然赋予它的神奇之处。我们的孩子也需要有这样一种期盼的过程:当你撒下种子的时候,满怀期待地赋予这颗种子一种生命力,你期待着这个生命在自己的努力下茁壮成长,开出希望的花,结出自然的果。如果能聚集在一起分享这种果实的话,你就会有一种油然而生的自豪感、满足感。这就是一种感动,这种感动将会使我们的孩子更加珍惜身边的资源,体会来之不易的情感。

在乡土游戏"围着圆圈坐坐"中收获成长的骐骐

被大灰狼"吃掉"的骐骐

在玩"围着圆圈坐坐"的游戏中,王老师扮演"大灰狼"的角色,当王老师唱道"看谁最先坐下"时,小朋友们要赶紧找一个位置坐好,没有坐好的小朋友要被"大灰狼"吃掉。第一次游戏中,当王老师唱到"看谁最先坐下",其他小朋友陆陆续续跑回自己的位置坐好时,骐骐还在圆圈里兴奋地跑着,不知道找位置坐好,结果被大灰狼"吃"掉了。骐骐吓得当场就大哭起来,边哭边用拳头试图打王老师,气氛一下子冷了下来。第二次游戏,他就不愿意参加了,这时在一旁协助游戏进展的陈老师走过来,蹲在他前面抱着骐骐说:"骐骐,我跟你一起玩吧,我保护你,跟着我肯定不会被大灰狼'吃'掉!"

在陈老师的鼓励下,骐骐紧紧地牵着陈老师的手不放,愿意继续参加游戏了。游戏继续,在游戏中,他一直躲在陈老师的身后,眼睛紧紧地盯着"大灰狼"不放,显然他还是有些不知所措。在游戏前奏时陈老师一直带着骐骐转圆圈,并不断给他提示"骐骐不用害怕,有音乐的时候大灰狼都不会来,我们是安全的,放心跟着我来"。当王老师快要唱到"看谁最先坐下"时,陈老师就提醒骐骐"骐骐,听,快到'看谁最先坐下'了,我们要准备找个空位置坐好喽"。

在陈老师的两轮游戏带领下,骐骐有些放松下来,虽然他还是没放开陈老师的手,但他不再躲在陈老师的身后,而是并排一起玩游戏了。在接下来的几轮游戏中,陈老师没有提醒他了,他似乎也不那么害怕,有点懂这个游戏的规则了。

我们将骐骐在玩这个游戏的一幕拍摄下来,并将这个过程详细地记录到9月份的"孩子成长记录档案"里,并给予评价。一个星期后我们收到骐骐妈妈的回复,回复里骐骐妈妈详细地记录了骐骐和爷爷奶奶、爸爸妈妈、姐姐一起在家玩这个游戏的情景,骐骐在不断和家人玩游戏的过程中已经能独立掌握游戏规则,能开心地独立参加这个游戏,并对这个游戏充满了喜爱之情。

勇敢营救小伙伴的骐骐

复习"围着圆圈坐坐"游戏时,,骐骐一直积极参与,在游戏中他很放松,每次都安全地躲过"大灰狼"围捕,他越玩越开心。在第四轮游戏中,涛涛不小心落单了,他在他的游戏空间附近没找到空余的小椅子,而空余的小椅子就在"大灰狼"附近,如果跑过去就会被大灰狼"吃"掉,不跑过去又没有空余的位置,眼看大灰狼越走越近,涛涛就要面临被大灰狼"吃"掉的场景。这时,一向不怎么勇敢的骐骐果断地冲上去,一把拉住涛涛,跑回自己的座位,一起坐在了小椅子上。一把椅子空间虽小,但此时给予这两个伙伴的却是无限的安全感,"大灰狼"看了看,说:"哎,现在的小朋友越来越勇敢,越来越有自己的办法,真棒!"两个好朋友紧紧地抱在一起,既紧张又兴奋。

我要当"大灰狼"的骐骐

乡土游戏"围着圆圈坐坐"成了小三班小朋友最喜欢的游戏之一。在户外活动中,骐骐搬来6个小椅子说:"我们来玩'围着圆圈坐坐'的游戏吧!谁要参加?"马上有龚玺、可可、毛毛3个小朋友附和。骐骐说:"我来当大灰狼吧!"第一轮游戏开始,骐骐模仿着王老师,唱起来。当他唱到"看谁最先坐下"时,就去抓人,不过他一个也没抓到,小伙伴们哈哈哈大笑,骐骐也跟着笑起来。

他们的游戏又吸引了一旁的豆豆、祥子等几个小朋友,这次人数一下子超出了椅子数,但是他们一点也没意识到。游戏继续,当骐骐唱到"看谁最先坐下"时,小伙伴一阵手忙脚乱后,只见椅子上有的坐着一个人,有的挤着两个人,有的甚至三个抱团在一起,这次骐骐还是一个也没抓到,但是他一点也不在意,继续游戏。

分析与反思

骐骐一开始没完全掌握和理解"围着圆圈坐坐"的游戏规则,所以被"大灰狼"吃掉了,他信以为真,以为自己真的被吃掉,这符合他的年龄特点。所以他开始抗拒参与这个游戏,并表现出"拳打"老师的行为。但是在一旁协助的陈老师意识到了骐骐紧张、害怕、抗拒的情绪。她先是安抚他的情绪,再鼓励他一起参与游戏,并在游戏中不断给予鼓励,适时地告诉他游戏的玩法以及游戏该注意的点。骐骐在陈老师的协助下开始慢慢地放下紧张、不安、抗拒的情绪后,又在陈老师的提示下发现自己再也没被"大灰狼"抓到后,开始放松,开始慢慢地融入游戏。

然而,事情并没有就此结束,老师将这件事情详细地记录下来并分享给孩子的父母。而骐骐的父母在老师传递了这种信息后,他们也进行了反馈,在家和孩子继续玩这个游戏。孩子在和爸爸妈妈、爷爷奶奶、姐姐一起玩这个游戏的过程中更加深入地体会了这个游戏的规则和好玩之处。他从不太会玩这个游戏到掌握这个游戏规则再到熟悉这个游戏的精彩之处,于是就出现了他勇敢营救小伙伴的情景。他知道一个小椅子不只坐一个人,只要坐在这把小椅子上伙伴就是安全的。通过营救小伙伴,骐骐得到了伙伴的赞许,自身也感受到成就感。于是他在不断积累的游戏过程中更想得到掌握权,他开始自发组织同伴参与游戏,他们也开始不再需要老师的组织,而且他也开始渴望挑战"大灰狼"的角色。虽然在游戏中"大灰狼"没能抓到人,但这一点也不影响他们游戏的愿望与兴趣。

很多乡土游戏会涉及敌我,出现孩子害怕的角色比如很典型的大灰狼角色,这种游戏还包括"老狼老狼几点钟"等等。当我们组织这种游戏时不能一味烘托游戏紧张氛围,教师应该控制好游戏的节奏、氛围。当孩子出现紧张、不安、抗拒的行为时,辅助老师应该适时参与,和他们形成统一战线,在游戏中给予他们精神鼓励,适时告诉孩子游戏的规则以及需要注意的点。当孩子开始掌握游戏规则时我们要慢慢放手,让他们在不断游戏的过程中感受乡土游戏的魅力。

玩小棒的趣味小故事

——幼儿有主动推动游戏发展的能力

一、游戏背景

"挑小棒"是一种传统民间游戏,曾经带给无数人无限的快乐,而且游戏方便、易操作,因此沿用至今。教师将其投放到乡土动力游戏区作为材料,孩子们玩得不亦乐乎。

二、游戏实录

观察时间:6月

观察地点:大班教室

观察班级:大一班

初次遇见小棒——制定规则

镜头一:小棒现身

"呀,这是什么?快快快,老师在材料区投放了这小玩意儿呢,嘻嘻。"眼尖的多多看到新投置的区角材料——小棒,大声嚷起来。孩子们听闻立马围过来,"哇塞,长得像牙签!""长得像小木棍""这么细这么尖,干嘛用的呀?""在乡土游戏区肯定是给我们玩的呗!""这个怎么玩呀?好好奇哦!"孩子们议论纷纷。"我知道,我见过,这个俗名就叫小棒,扔扔玩的。"颇有见识的诺诺不紧不慢地从益智区走过来大声说道。"那你说说怎么玩?""给我们示范一遍吧!""行,看好了哦! 首先我们要拿起小棒,端立在桌面,松开手,让小棒散落在桌面,简单吧!""哇塞,天女散花! 好玩!""然后呢?""接着,先捡起散落在旁边又没有被压到的小棒,再看看哪根小棒是在最上面的,再用手上的这根小棒把它挑起到外面。"诺诺一边示范一边得意地讲解着。"我要试一试。""我也想试一试。"说完大家一拥而上,每人抓起几根小棒子玩了起来。

镜头二:聚焦规则(5分钟后)

孩子们抱怨连连,"不好玩,小棒数量太少了。""诺诺,就一直挑小棒子,没有时间规定吗?""诺诺,没有具体的规则吗?"孩子们纷纷向"主角"诺诺提出自己的质疑。"没有的,你想玩就一直玩。"诺诺回答。"怎么会没有,如果挑小棒过程中影响到其他小棒,抖动了,还能继续玩? 这肯定不行,我觉得需要规则。"大家议论纷纷。诺诺歪着小脑袋若有所思地说道:"也是,好像有道理,那我们一起来制定规则吧!""行!""来,一个一个说,每个人都要说出一条规则哦! 我来记录。"诺诺拿出笔和纸说道。"小棒数量少,应该有人数规定,一束小棒最多3—4个人玩。""时间规定20分钟。""挑小棒子的过程中,导致其他小棒子抖动了的话,玩游戏者必须立刻停止捡小棒子的动作,等下一轮游戏再来挑战。""时间到,谁挑的小棒数量最多,谁就是最后的王者。"

规则示意图:

● 人数:3—4人

◐ 时间:20分钟

⚡ 重点:不能影响其他小棒

再次交锋小棒——使用战术

镜头三:战术显现(一)——动作轻巧

"走走走,我们挑小棒去。""我最喜欢玩那个了,走!"朵朵、沫沫手拉着手往乡土动力游戏区走去。两人到达后,拿出小棒开始游戏。朵朵说:"谁先来?"沫沫说:"石头剪刀布吧!"
"OK,石头剪刀布,耶耶耶,我赢
了!"朵朵兴奋地嚷起来。"看好
啰,我出击了!"朵朵说完在桌
上扔小棒。小棒瞬间成花环状
四处散开。"先挑哪根呢?""这
几根好,单独一根,旁边没障碍
物。"朵朵自言自语轻声嘀咕
着。只见她非常顺利地从周边
取出2根单独的小棒,"接着挑

图8-1 玩小棒游戏

哪根好呢? 都叠在一起了,哎,试试这根吧!"朵朵开始挑战第3根小棒,她趴
下身体,头部向前伸,小手小心翼翼地在小棒底部轻轻往下压,小棒顶端部分
瞬间往上翘,朵朵伸出另外一只手,慢慢拿起此根小棒。"耶耶耶,我胜利了!"
朵朵夸张地大笑起来。"喂喂喂,你动了啦! 旁边这根小棒子抖动了!""是吗?
那你来吧!"朵朵无奈地将小棒给沫沫,小声嘀咕着:"挑小棒一定要动作
轻巧。"

镜头四:战术显现(二)——调整方位

沫沫仔细观察着小棒的分布位置,若有所思地开始第一战,她选择了远处
的一侧位置开始挑小棒。沫沫屏住呼吸,轻轻地拿取了叠在最上面的一根小
棒,接着俯下身体,小心翼翼抽取出底端零散的4根小棒。挑第6根小棒时,沫
沫又换了一个方位,拿起手中的小棒轻轻一挑旁边的小棒,成功。

两人你一局我一局,你追我赶,不分上下。20分钟后,游戏结束,两人分别
数起了自己的战果,"我16根,你呢? 数清楚哦!""我20根!"沫沫得意地蹦跳
起来回答:"我赢了,我赢了,哈哈! 我是厉害的挑小棒冠军!"

疯狂玩转小棒——升华精髓

镜头五:裁判现身

小棒游戏受到孩子们的疯狂追捧,大家都争先恐后参与玩小棒游戏。"甜
甜,你碰到其他小棒了,停停停!""没有,我没有碰到其他小棒。"甜甜着急地

说。"明明就碰到了,还不承认!"溜溜大声地说。"就是没有。"甜甜也大声地回应。两个小家伙争得面红耳赤。"谁说了都不算,哼,找老师去。"溜溜站起来准备去找老师。

裁判

"哈喽,需要裁判吗?"达达微笑地走过来问道。"好主意,我们需要裁判!"两人豁然明白,游戏中缺少的就是裁判。

图8-2　小棒竞技赛

镜头六:小棒竞技赛

"每天都这样玩小棒太没挑战性了。"孩子们沮丧着脸小声说着。老师见状说道:"要不举行一个竞技赛吧!比比谁的本领最大。""同意。"孩子们欢呼着回答。"规则怎么定呢?"大家开始各抒己见。最后总结如下:一场比赛4个人,2人为一组;开始、结束以裁判口哨声为基准;哪组挑的小棒多,哪组就为胜利者;胜利组佩戴皇冠。

三、共同关注

"挑小棒"是一个具有连续性的合作游戏,不仅能发展幼儿的规则意识,还能发展幼儿的观察力、判断力和动作技能。更重要的是,幼儿在愉快的游戏中主动地实践运用和发展着合作能力与交往策略。而教师在此期间学做"沉默的观察者",他们"支持而不打扰""建议而不主宰"。

(一)推动幼儿自主制定、遵守和调整规则

案例中,幼儿自己制订了"人数、时间限制,不能影响其他小棒"的游戏规则,并能很好地遵守。而当幼儿觉得游戏无趣的时候,教师从旁提议"竞技赛"后,幼儿重新讨论并制订新的游戏规则。随着游戏的不断深入发展,幼儿的规则意识也在不断加强,后续游戏中自然而然地出现了"裁判"的角色,由此看出幼儿调整规则的能力在不断发展,从而推进了游戏的顺利开展。

（二）支持幼儿精细化动作技能的发展

在整个挑小棒的过程中,幼儿需要仔细观察判断,不断调整方位,较为自如且有技巧地运用和控制手指、手腕动作才能顺利挑动小棒。因此,在活动中,幼儿手部的小肌肉群得到了发展,观察力、判断力也得到了提高,同时也培养了耐心和细心。

（三）相信幼儿在合作游戏中能自主发展社会交往能力

活动中,我们看到了不断发展起来并有一定变化的同伴群体:从一个人到一个小组。其间,幼儿有合作、有质疑、有提议,也有妥协,在实践运用中发展着不同的合作和交往的策略。我们看到诺诺是个领头人,她的提议得到大家采纳并开始了挑小棒的合作游戏,当大家提出疑问时,她便引领同伴进一步思考和探索,每个幼儿都真情投入并乐在其中,多个方面得到了发展。

（四）巧妙介入,支持而不打扰,建议而不主宰

教师对游戏过程进行全程观察,选择适宜的介入时间和方式,保证了幼儿自主游戏的有效开展。如当幼儿因为反复的游戏形式而感到无趣的时候,教师没有直接帮助解决问题,而是提出"举行小棒竞技赛"的建议,既丰富了游戏的活动形式,又间接推进了游戏的深入发展。整个游戏的过程中,幼儿始终是游戏的主人。

四、与你分享

（一）分享讨论,提供支架,精化挑小棒的技术

当发现幼儿有目的地去探索如何提升挑小棒技能的时候,由于受原有的游戏经验的限制无法创造新的技能,教师可以在初次活动后,组织幼儿开展以"好玩的小棒"为主题的交流、讨论活动,通过幼儿间的相互学习、思维碰撞以及观看其他班级幼儿玩小棒的图片和视频等方式,激发幼儿探索更多精湛的

挑小棒技能,解决挑小棒的关键性问题。

(二)灵活调整,扩大空间,丰富挑小棒的材料

教师根据幼儿的兴趣和需要,可以灵活地扩大游戏区的空间,投放各种材质的小棒,如木棒、塑料棒、竹签棒等,分成几个小组进行游戏,以满足更多幼儿参与游戏的愿望。

欢乐跳房子

——在游戏情境中学习与发展

一、游戏背景

　　"跳房子"是传统民间游戏之一，深受孩子们的喜爱。其游戏规则是：幼儿可自由分组，两三人一组，自行商定"跳房子"的先后顺序。游戏开始，第一位幼儿站在"1"的方格前，将"子"投放在第1方格，单脚跳入第2方格，再单脚跳至第3方格，然后双脚分开同时跳入第4、5方格，又变回单脚跳入第6方格，第7、8方格方法同4、5方格，第9方格单脚跳入后，沿原路原方法返回；至第2方格时，弯腰捡起第1方格内的"子"后，单脚跳入第1方格，再跳出算完成一次"跳房子"。第二次"跳房子"就将"子"投入

图8-3　"跳房子"游戏之格子

第2方格，跳时避开第2方格，其余同第一次"跳房子"。游戏依此类推，直至将"子"投到第9方格完成后才算结束。如果在投放"子"的过程中出现了"子"压线、出格的现象，或者是单脚"跳房子"时双脚落地、踩线等都算失败，换另一名幼儿游戏。而重新轮到该名幼儿时，其需从失败的方格投放"子"，开始游戏。最终先完成全套动作者为胜。经过一学年的顺利开展，孩子们对于游戏规则

和游戏玩法都有了认知和体验,随着游戏的不断推进,孩子们在游戏中的表现也是可圈可点。

二、游戏实录

观察时间:9月
观察地点:大一班教室门口
观察班级:大一班

镜头一:

乐乐和一一两个小女孩从箩筐里选择了各自喜欢的"子"来玩跳房子,这时,轩轩和泡泡也想加入这个队伍,几个孩子有点犯难了,人一多就要等很久才能轮到自己,对于长久的等待,孩子们显然有点不情愿。犹豫之后,一一提出一个办法:"那我们分组吧!我和乐乐一组,轩轩和泡泡一组。组员要一起完成游戏,所以可以直接在失败的这一格重新

图8-4　游戏前分组

开始玩,如果我在玩'2'的时候失败了,乐乐可以直接从'2'这里重新玩,不用从'1'开始,这样好不好?"一一的意见得到了大家的支持。

"石头剪刀布,哪一个组先开始!"

"我们各自派一个代表吧!"

乐乐和泡泡自告奋勇,在一番激烈"斗争"之下,泡泡胜出!

"耶耶耶,我们组先玩。"石头剪刀布的获胜给泡泡和轩轩带来了成功感,这是第一步的胜利呀。

分析:大班阶段的孩子已经有了合作游戏的意识和经验,他们喜欢与同伴一起玩游戏,交往能力已然增强了很多。他们不仅开始关注自己的活动,而且随着生活经验的丰富,生活体验和理解能力也越来越深刻。大班的游戏以合作性的游戏为主,幼儿会自己组成小组,一起围绕一个共同的活动目标,互相

帮助,共同完成任务。

镜头二:

泡泡作为第一名出战选手,在挑选了一块石头作为"子"后,他小心地把"子"投放在第1格的中间位置,双脚着地微蹲,然后跃起,单脚着地,这行云流水般的动作显示出泡泡是个玩"跳房子"的高手且跳跃能力较好。

图8-5 "跳房子"游戏

"泡泡加油!"一旁的轩轩有点激动地喊了起来。轩轩的鼓励激励着泡泡,单脚连续跳跃这个动作对于泡泡来说并不难。在成功跃过第2、3格后,泡泡换双脚分开同时跳入4、5格,单脚转换双脚跳跃也很自然地进行。从7、8方格跳跃到第9方格,是游戏的一个关键,因为在同一个格子内不能多次重复跳跃,7、8方格跳跃到第9方格时就要注意方向的转换。虽然动作很熟练,但是泡泡跳跃的速度有点快,在一连串的跳跃动作后落地,来不及缓冲,惯性让单脚站在第9方格的泡泡摇摇欲坠,他伸直自己的手臂,想要平衡力量,但是悬空的左脚在摇晃,支撑身体全部力量的右脚有点力不从心,最终泡泡一屁股坐在了地上。失败的泡泡拿起自己的"子"走到一旁,他一边坐着休息恢复体力,一边观察着同伴轩轩的表现,小脸上没有因挫败而显现出失望。

轩轩将"子"投放到第1格后,抬起了自己的左脚,微蹲跳跃到第2格,跳跃的力量让轩轩的身子摇晃起来,只见轩轩小手握成拳头,弯曲手肘,夹紧自己的手臂摇晃了几下,他努力抬起并弯曲着自己的左脚想要保持平衡,停顿了一会后,轩轩的身体停止了摇晃,然后她继续跳跃到第3格。在每一次的跳跃后,轩轩都要停顿一小会来确保自己身体保持平衡。站立在7、8方格的轩轩要挑战跳跃到第9方格,只见轩轩身体向右边又向左边扭动了一下,好像在比较哪个方向的跳跃可以让自己获得成功。终于，轩轩咬了一下自己的嘴唇，她双手握拳，下肢微蹲，微微弯曲着自己的后背，小心翼翼地用轻跃来减轻冲力，虽然跳跃的力量还是让轩轩摇晃了几下，但是她很快找到了平衡，顺利地折返回第2格，弯腰捡起自己的"子"回到原点。

分析：《3—6岁儿童学习与发展指南》中对幼儿平衡力的要求中提到：上体正直，步子均匀，上下肢协调自然，两臂侧平举，单脚站立5—10秒。游戏中可以发现泡泡和轩轩都能做到屈膝摆臂、四肢协调，泡泡的动作发展优于轩轩的是在游戏开始出发时，他能做到双脚用力蹬起跳跃后单脚站立。泡泡通过伸直双臂来尝试保持整体平衡，但是他没有很好地控制住自己抬起的双脚，没有做到上体正直。泡泡的失败原因部分是因为连续跳跃的速度过快，而没有很好地掌控平衡导致缓冲过大。轩轩在游戏中表现得更加谨慎小心，在每一次的跳跃后都会在身体平衡后再出发，他努力地寻找让身体保持平衡的办法，控制悬空的左脚，双手握拳夹紧双臂，并且不断地在每一次跳跃后都利用相同的办法保持。

镜头三：

顺利完成第1格的轩轩向第2格进发，他稍稍弯腰将自己的"子"抛在了第2格，滚动的小石子在靠近边缘线处停了下来，轩轩吓了一跳，轻轻地拍了拍自己的胸口。单脚准备、跳跃，轩轩又开始了新一轮的挑战，但是明显的，经过第1格的挑战后，因为每一次都需要停顿保持平衡，消耗了轩轩很多体力。新一轮挑战，轩轩的单脚跳跃变得更加

图8-6　第2轮挑战

缓慢和迟钝，耸动的肩膀显示出孩子的体力正在大量透支，他弯腰捡起处于第2格的石子，并跳跃回原点，站在原地喘气，并咳嗽了几声。现在玩到第3格了，由于距离的问题，轩轩微微弯腰往前抛石子，但是弧度过高导致石子往前滚动，"子"最终往前滚而出线，轩轩的挑战失败。一旁的泡泡安慰道："没关系，我们已经玩到3了，等一下我们再继续哦！"两个孩子相互安慰的举动让我感觉非常欣慰，孩子们没有因为挑战失败而且丧气，反而因此而进一步激发了

向上的斗志。

"自信的孩子最棒,你们已经很努力了,想一想自己为什么会挑战失败?再接再厉,一定能成功的!"

分析:跳房子主要是练习幼儿单脚跳与双脚同时向前跳的能力,发展幼儿的跳跃能力以及动作的灵活性,增强幼儿的脚部肌肉力量。轩轩在每一次跳跃后,都需要停顿缓冲,寻找身体平衡。每一次单脚跳跃时,一侧身体倾斜,重新带着全部的重量向前跃起,如此一来就导致体力的快速消耗。平衡力、跳跃能力不足是轩轩挑战失败的最大原因。

回应策略:

1. 加强幼儿跳跃能力和平衡能力的练习。针对部分幼儿脚步力量及身体协调能力的不足,利用晨间户外活动增加单脚跳和双脚跳的练习,利用每周"民间游戏大串烧"中的游戏,如"斗鸡"游戏来增强幼儿单脚站立和保持身体平衡的能力。

2. 引导同伴之间多交流,相互进行经验学习。由于教师提供的空间有限,引发了幼儿在游戏中的问题,也给幼儿提供了解决问题的机会和思考的空间。几个参与游戏的孩子在游戏中通过分享、交流、合作获得了新的经验,这些经验对于其他孩子来说具有较大的借鉴意义和价值。因此,教师通过评价环节,让孩子分享他们的经验体会,并和全体孩子交流总结出最适合的学习经验,以提高其他幼儿的游戏水平。

3. 根据幼儿的兴趣和需要,灵活调整游戏区的空间和材料。大班幼儿的认知能力和游戏水平都有了新的提高,教师可以提供宽敞的游戏空间,多投放"子"和"房子",再提供粉笔、彩色贴条引导幼儿自己绘制"房子",不断地调整玩法,增加游戏的趣味性,让幼儿在新的挑战中保持对游戏的兴趣,提升游戏水平。

文文高跷学成记
——同伴帮忙推进幼儿技能的发展

踩高跷是我国传统的民间体育游戏,也是幼儿非常喜欢的一项户外游戏活动。踩高跷可以发展幼儿的身体平衡能力,提高动作协调性。文文是一个比较内向的孩子,虽然她乐意与人交往,但是不会主动去搭讪。基于她原有的踩高跷技能经验,我对她进行了两次观察。

第一次观察:终于学会了

活动材料:高跷、小推车、赶小猪等器材供幼儿选择

游戏实录

观察对象:文文

观察时间:2018年10月15日—10月29日

观察地点:走跑区

观察目的:观察幼儿遇到困难时解决问题、战胜困难的能力。

实况描述

片段一:我不会玩

踩高跷是孩子们比较喜欢的运动,喜欢玩踩高跷的孩子排着队拿到高跷开始了练习。突然我耳朵旁传来"呜呜"的哭泣声(见图8-7),我闻声找去。原来是文文小朋友不会踩高跷,性急的她一通乱扯,高跷还是没有踩住。她用渴望的眼神望着我,我走近说:"我也没玩过,你可以请小朋友帮忙。"文文看了看一旁的诚诚小朋友,他可是个热心肠。只见他停下来给文文示范,文文听得十

分认真。(见图8-8)

图8-7　不会踩高跷的文文哭了

图8-8　诚诚示范动作

分析:文文身体不是很好,请假次数比较多,相比其他孩子她参与的要少一些。今天的踩高跷就反映出她比较脆弱的一面,遇到困难不能冷静思考,没有采用寻求他人帮助的正确方法。急躁,不能控制情绪,采用哭鼻子寻求帮助。

片段二:我的同伴来帮忙

通过诚诚小朋友的帮忙,文文拿着高跷,走到一旁,坐在台阶上,两手握住上面的把手,一只脚踩在高跷上,另一只脚跟着也跨了上去,然后她试着站了起来,可是刚刚想站起来走,人就往前面冲出去了(见图8-9)。诚诚笑笑,看了看我,他也在台阶上坐了下来,两只脚先后跨上高跷下面的底板上,然后试着站了起来,可还没站稳,也往前倒了下去,"哎呀,我也倒下了(见图8-10)!"诚诚冲着文文笑着说。"怎么回事呀,我也不行!"文文两手握着高跷一边说一边看看我,"卢老师,这个高跷是不是生病了,一点都不听话。""你们可以站着试试,坐着站起来走可能更难哦!"我说。然后孩子就拿着高跷走到了场地上,都握住高跷绳子试了起来(见图8-11)。文文一只脚踩上去的时候,我发现她的脚只踩住了一点点,脚滑落了下来,她继续试,脚底还是有点滑,另一只脚要跟上去的时候,高跷就往前倒下去了。"文文,你的鞋子滑不滑?"我问道。"有一点滑!"文文回答我。我走过去看看她的鞋底,磨得不算太平,"鞋子还好,踩上去的时候,手要用力抓紧绳子,这样力气就使得出来!"我又鼓励道。文文听完点点头。

图8-9　冲出去了　　　　图8-10　摔倒了　　　　图8-11　继续尝试

分析：可能是看着帮助她的诚诚也不会踩，文文就来寻求我的帮助。《3—6岁儿童学习与发展指南》中的社会领域指出：愿意与人交往，有问题时愿意向别人请教、求助……文文不会走时，乐意接受同伴的帮助，寻求老师的指点，这是一个好的开始。

片段三：我学会了一点点

不一会儿，诚诚就顺利地走了起来。他笑着对我说："卢老师，我可以了！"文文着急了，连忙跑过去对诚诚说："你可以教教我吗？"诚诚耐心地示范着，文文也认真地学着，一会儿工夫，文文大声喊："耶，我成功了（见图8-12）！我再走几遍会走得更好的。"我及时表扬了他们！

图8-12　成功了

分析：

《3—6岁儿童学习与发展指南》指出，幼儿具有自尊、自信、自主的表现，在取得了进步或成功之后还想做得更好。（文文学会走高跷后说："耶，我成功了！我再走几遍会走得更好的。"）

回应策略

1. 面对这样的孩子，老师主要先培养孩子的自信心，鼓励他动脑筋，引导其掌握主动解决问题的方法，培养他坚持的品质。

2. 采用同伴互助的办法，让孩子感受到集体的乐趣，主动向他人学习，通过自己的努力获得成功的快乐。

3. 孩子们取得进步或成功后,教师应给予肯定和鼓励,可以是一句话、一个眼神或是一个动作等。

第二次观察:玩出新花样

活动材料:高跷、滚坦克、梅花桩等器材供幼儿选择

观察目的:观察幼儿活动中的平衡能力、动作协调性,以及持之以恒的耐力

实况描述

片段四:我玩得越来越好了

游戏开始的时候,我看到文文急匆匆地去拿了高跷,好像生怕别人拿完了,只见她拿了高跷后特别兴奋地玩了起来。经过上次练习,这次她明显熟练了很多,但还不是很平稳,看到潘潘踩上去两只脚都站稳了,然后再往前走,她也尝试起来,还真的成功地走了几步。旁边的芸芸看到了,对着我喊了起来:"卢老师,你快看! 文文会踩高跷了。"文文看到芸芸把我叫过来,表现得更加淡定,一步、两步、三步、四步……她往我这边走过来。我高兴地说:"哇,文文,你好厉害,你已经学会踩高跷了!"文文朝我高兴地笑笑,说:"我上次学会了一点点,刚刚一上去还有点不会!"听着文文分享她成功的经验,乐乐和桐桐也互相望望小伙伴,小眼睛都瞪大了,乐乐说:"你这么厉害,我也要再练练!"说完他们又开始抓住高跷绳子,练习起来。

图8-13　玩出新花样

分析:文文之所以选择高跷,也是因为前几周有过玩的经历,但是她尝试了以后还没有完全掌握。所以游戏一开始,她就自发地选择了高跷。文文虽然是一个话语不多的女孩子,但是她的观察能力还是很不错的。在和同伴一

起玩的时候,也会留意同伴的玩法,自己也敢于尝试。

片段五:我玩得很溜了

文文走了一会儿,大概是觉得自己走出了诀窍,走起来顺利多了,胆子也越来越大,她看到旁边有梅花桩,停顿了一下,然后走到梅花桩旁边,绕着梅花桩走了起来。其他孩子看到了,觉得单走没有挑战性,也跟着模仿了起来(见图8-14)。

图8-14 "梅花桩"游戏

分析:

《3—6岁儿童学习与发展指南》指出:具有一定的平衡能力,动作协调、灵敏,能够绕过障碍物较平稳地行走。文文最终成功学会了踩高跷,并且越走越好。

回应策略

1. 鼓励同伴间的互助互学。在游戏中,孩子们都爱和同伴一起玩,有的时候孩子之间会出现好点子、好玩法,这些都值得被肯定。所以教师一定要仔细观察幼儿的游戏情况,关注幼儿在游戏中的表现,以及出现的一些比较突出的表现和值得赞赏的行为。对这种行为积极鼓励和表扬也会激发孩子们探索游戏玩法的热情,促进其游戏能力的提升。文文在踩高跷活动时正是如此,教师在评价活动中可以以此为例,让更多的孩子参与到踩高跷的活动中来,让他们获得成功的快乐体验。

2. 尊重幼儿游戏的个别差异。在游戏中,要善于关注幼儿的个体差异,尊重其不同能力的发展。孩子学踩高跷的能力有所不同,所以在活动中,教师应关注不同孩子的能力差异,对其进行不同的指导。对不同孩子进行不同的引导和鼓励,不仅仅能照顾到个别孩子的心理,让其树立信心,也能让他们感受到来自老师的关爱。而且学高跷本来就不是一件容易的事情,也不是一蹴而就的,所以不管是否成功,只要孩子努力去学,都是一件很棒的事情。

乡土游戏"抢柱子"

在幼儿园园本课程"乡土动力"课程的基础上,有一个"乡土游园大串烧"的活动,"抢柱子"游戏是"乡土游园大串烧"当中的一个游戏。它的游戏道具相对简单,只需要一块拥有几根柱子的空旷场地,把柱子打扮成大树的样子用来创设情境,就能让幼儿较快地融入情境中。因此,我对本班幼儿参与"抢柱子"游戏的过程进行了观察和分析。

阶段一:乡土游戏"抢柱子"

(一)第一次尝试玩"抢柱子"

在尝试玩"抢柱子"游戏的时候,为了使孩子们能够较快地接受和喜爱这个游戏内容,我们做了一些前期的铺垫。

1. 故事情境的导入。以故事的形式导入,帮助幼儿更快地熟悉和适应这个游戏。

故事内容:今天,我们都是一只可爱的小兔子,我们要去树林里找兔姥姥。兔姥姥家门前有好多的大树,就像一根根柱子一样,可以玩"抢柱子"的游戏哦。

通过兔子的形象,能够帮助幼儿快速地喜欢上"抢柱子"的游戏。

2. 布置游戏场景。游戏场景的布置能够帮助幼儿更快地进入游戏,对这个游戏产生兴趣。

3. 开始初次尝试游戏。

游戏规则:有六根柱子,七个小朋友,六个小朋友有柱子,一个小朋友没有;没有柱子的小朋友站在六根柱子的中间,有柱子的小朋友通过交换眼神或者手势,自由交换柱子;没有柱子的幼儿通过观察想要交换柱子幼儿的动作,在他们交换的间隙抢夺其他幼儿的柱子,使自己成为有柱子的人。

在教师的帮助下,孩子们开始了第一次"抢柱子"的尝试。在第一次游戏中,教师没有过多地介入,只是让幼儿自由交换抢占柱子。但是,幼儿从兴致勃勃到怏怏然。"老师,她不跟我换。""老师,我都不知道怎么玩。"因为幼儿对游戏不了解,教师加入了这个游戏,用口令来帮助幼儿继续进行游戏,但并没有激发幼儿玩游戏的兴趣。

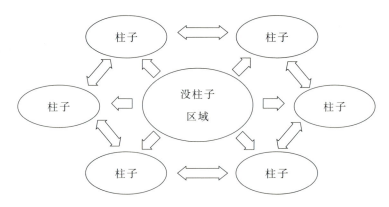

图8-15 "抢柱子"现场示意图(有柱子的人可自由交换,箭头只是简单代表)

(二)第二次尝试"抢柱子"游戏

在第一次游戏的经验上,孩子们对游戏的基本规则已经有了初步经验,相较于第一次的游戏过程,幼儿在玩的过程中已经有了"抢"和"引诱"的意识,但是也仅仅局限于几个小朋友,其他幼儿还是站在原地抱住柱子不动。所以,最后游戏的结果并不理想,与预想的有很大的偏差,大多数幼儿的兴趣点并不高。

例如:"老师,老师,我玩好了。""我不玩了,我要走了,我要去玩别的游戏去。"面对冷清的场地,我抓住豆豆:"你来玩这个游戏,带着其他小朋友一起玩,好吗?"豆豆:"好的,我可不可以就玩一下,我还想去玩揪尾巴呢。"

(三)第三次游戏

到了第三次"抢柱子"游戏的时候,孩子们就直接告诉我:"老师,我不喜欢这个游戏,一点都不好玩,都没有人和我换的,他们站在那里都不动,我很难过的。"因此第三次游戏的效果仍然不好。

分析:

1. 占住位置不走。有部分幼儿担心自己的柱子被"抢"走,从始至终占住最先的那根柱子不走动,没有进行有效的游戏活动。

2. 对游戏本身的兴趣不浓。幼儿本身对这个游戏的兴趣不浓,所以当游戏存在一些不足的时候,很难吸引幼儿来参与这个游戏。

3. 游戏的趣味性不够。游戏的整个设计不适合幼儿的需求,孩子们对这个游戏的兴趣点不高,不能激发幼儿自愿参与这个游戏。

三次游戏后,教师对幼儿进行了"抢柱子"游戏的喜爱程度的调查,结果如下:

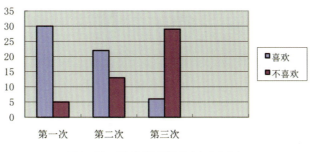

图8-16　游戏实时统计(共35人)

阶段二:调整、改编游戏,提高幼儿对游戏的喜爱程度

针对这些问题的出现,在多次游戏尝试之后,我们进行了思考和反思。问题在哪儿? 在经过思考和对幼儿的观察后,我们发现了一些问题,并且根据游戏的整个环节及幼儿的需求做了一些调整。

（一）加入音乐，从分组开始

为了让幼儿能够喜欢并爱上玩"抢柱子"这个游戏，教师对传统的游戏进行了修改，加入了音乐。让幼儿围成一个圆圈自由舞动身体，听音乐不停地跳动，当听到音乐停止时即刻去抢柱子，未抢到柱子的幼儿站在中间，等待着机会去抢占其他交换中幼儿的柱子(规则如前)。

（二）人数上的调整

从原来的一根柱子一个人调整为一根柱子两个人或者多个人。最初的抢柱子游戏是一根柱子只能一个人抢占，我们把它调整为多人。根据参与者的多少来调整每根柱子上的人数以及需要抢占他人柱子的人数，如图8-17所示。

（听音乐舞动）

（一个人一根柱子）

图8-17　两个人一根柱子或者多人一根柱子

(三)"1,2,3"的调整

针对幼儿抢占住柱子不肯走的现象,老师用"1,2,3"的方式,让幼儿学会了如何快乐地玩游戏,且不让别的同伴等待时间过长。老师跟孩子们约定一个时间,即只能在所抢占的这根柱子边站3秒(幼儿自己默数3秒),3秒后必须和旁边的小朋友进行交换,或者是离开这根柱子(就是不能一直站在这里)。抢到柱子的幼儿之间可以相互"挑衅",来增加游戏的趣味性,让整个游戏更加生动有趣。

游戏形式调整后,我们又进行了三次游戏,每次游戏后,老师都进行了一次实时的幼儿满意度调查,调查结果如下:

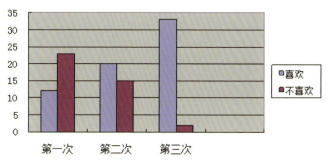

图8-18　游戏实时统计(共35人)

分析：

1. 音乐的加入，调动了幼儿参加游戏的欲望和积极性。

2. 人数上的调整减少了等待的时间；根据现场情况随机调整，减少了幼儿的消极时间，提高了游戏的激情点。

3. "1，2，3"的加入，能够激发幼儿玩游戏的欲望，增加游戏的趣味性。当然，在"1，2，3"进行一段时间后，会再次进行调整，取消"1，2，3"，让幼儿完全融入游戏中去，自主掌控游戏节奏，回归本真。

幼幼对话：有趣的"抢柱子"游戏

调整后的"抢柱子"游戏，深得孩子们的喜爱。

再一次组织孩子们进行"乡土游园大串烧"活动时，孩子们自由进行"抢柱子"游戏，要求老师把音乐给他们，他们自己来操作音乐进行游戏。游戏后，我听到了几个孩子之间的对话。

多：今天的游戏玩得真开心，我每一次都抢到了柱子，你有没有每次都抢到柱子？

陈：我有3次没有抢到柱子。

多：肯定是你跑得不够快。

陈：哪有（生气的样子），那个乐乐说跟我换的，我跑出来想和他换，他却跑回去了，我的就被其他人抢走了，很讨厌。

多：哈哈哈，我也是这样"骗"别人的，所以，每次我都能抢到柱子。

陈：啊？！……（多趴在陈的耳朵边把他抢到柱子的好方法告诉了陈）

陈听了以后特别开心，高兴地说："我下次就要用你的方法。"

教师的反思

调整后的"抢柱子"游戏被孩子们认可，孩子们也喜欢玩这样的游戏。传统的乡土游戏有它独特的魅力，孩子们不喜欢玩有很多的因素。也许是游戏本身已经不符合现在幼儿的需求，也许是幼儿从未接触过这些游戏，并不知道它的规则和游戏的意义。所以,这些传统的乡土游戏需要教师推荐给孩子们,而孩子们也需要教师来带领他们尝试这些有趣的游戏。

传统的乡土游戏有很多,"抢柱子"游戏只是其中的一种而已,还有很多的乡土游戏需要我们将其再次挖掘出来,介绍给孩子们。也许它已经不适合现在孩子们的需要,但是做一些简单的调整,它们还会成为孩子们喜爱的、好玩的、乐玩的游戏。还游戏于孩子,让游戏服务于幼儿。帮助幼儿解放双手、解放眼睛、解放身体,让"动"真正回归于幼儿,让传统游戏帮助幼儿到大环境中真正感受游戏带来的乐趣。

参考文献

[1]虞永平.学前课程的多视角透视[M].南京:江苏教育出版社,2009.

[2]余志慧.中华传统文化经典:民间游戏[M].黄山:黄山书社,2012.

[3]丁亚红.民间游戏走进幼儿园[M].石家庄:河北大学出版社,2014.

[4]方志丽,李艳.民族民间儿童游戏与幼儿园本土课程开发研究[Z].文山州教育局教育科学研究所,2016.

[5]莫晓超.民间游戏资源在幼儿园活动中的运用及其策略[J].学前教育研究,2006(9):26-29.

[6]李炳珍.生活教育视野下幼儿园民间游戏课程的构建[J].新教育,2016(2):57.

[7]沈艳凤.游戏精神:幼儿园民间游戏传承的立足点[J].教育现代化,2017(50):375-376.

[8]陈攀攀,王雯.幼儿园民间游戏课程开发的可行性分析及策略探讨[J].早期教育(教科研版),2017(11):35-38.

[9]曹中平.激活传统民间游戏的自我更新机制[J].内蒙古教育,2017(14):1.

[10]孙雪梅.挖掘乡土文化资源,丰富幼儿生命体验[J].中国教师,2017(S1):66.

[11]陶小娟,汪晓赞.中国3~6岁幼儿运动游戏课程目标体系的理论框架构建:基于三大"核心素养"的价值取向[J].武汉体育学院学报,2017(12):68-74.

[12]朱华香.多元化运动游戏课程开发的实践探究[J].课程教育研究,2017(40):1-2.

[13]罗泽萍.民间体育游戏融入园本课程的策略研究[J].新课程(综合版),

2018(2):34-35.

[14]杨艳平.儿童民间游戏在幼儿教育中的价值和意义分析[J].课程教育研究,2018(44):17-20.

[15]周亚娟.浅析幼儿园园本课程开发与乡土资源的利用[J].新课程(综合版),2018(10):32.

后　记

　　三门县地处浙东黄金海岸,面山靠海,有着深厚的人文底蕴,乡土游戏资源丰富。乡土游戏简便、易行、经济,不受时间、场地的限制,对促进幼儿各方面的发展有着独特的作用。2014年,三门县中心幼儿园开始对乡土游戏进行阶段性收集、筛选,并汇编成册。之后几年,幼儿园教师们又不断加以调整、完善、创新,并将其融入幼儿的一日生活中。2016年,幼儿园开始进行更为全面深入的"乡土动力"课程研究。2018年,"乡土动力"课程入选浙江省精品课程,同年三门县中心幼儿园入选台州市首批课程实践基地园。

　　在多年的实践探索中,我们发现,尽管时代在进步,社会在发展,但乡土游戏作为发展幼儿综合素质的宝贵资源并没有失去其存在的价值。在将乡土游戏融入幼儿一日生活的实践探索中,是幼儿从游戏中收获的快乐与蜕变给了我们坚定走下去的强大支撑。随着社会的日新月异,如何将"传统"与"现代"相结合,激发乡土游戏应有的动力是我们一直在探索的课题。

　　"乡土动力"课程是三门县中心幼儿园的特色课程,也是三门县中心幼儿园所追求的教育理念的体现。我们全体教师竭尽全力,在认真践行的基础上,希望尽可能完整地把精彩分享给大家,但因水平有限,书中还有很多不尽如人意的地方,恳请大家批评和指正。

　　让每个生命有滋有味地生长,是我们一直努力的动力与方向。

沈小燕

2023 年 5 月 30 日